南京市哲学社会科学重点研究基地"陶行知教育思想及其当代价值"研究成果
2022年度江苏省教育科学规划课题《陶行知大爱精神在师范生教育情怀培养中的实践路径研究》
江苏省高校优秀基层教学组织
江苏高校省级虚拟教研室建设培育点
江苏高校品牌专业建设工程二期项目
江苏省卓越教师培养计划改革项目
江苏省青蓝工程教学创新团队
关工委活动项目品牌建设成果

行知路上陶花开

——南京晓庄学院小学教育专业本科毕业生风采录

（第二辑）

《行知路上陶花开》编辑委员会

主　编：周洪生　曹同艳
　　　　刘宇晴　张济洲

委　员：（按姓氏笔画为序）
　　　　马　聪　马雯瑄　王会亭
　　　　韦　扬　朱礼成　严开宏
　　　　李晓军　沈　萍　张　洁
　　　　张　楚　张素云　顾富民
　　　　钱稳稳　徐艺嘉　曹同艳
　　　　曹慧英　崔　昱　董　浩
　　　　董　辉　雍晓慧

南京大学出版社

图书在版编目(CIP)数据

行知路上陶花开：南京晓庄学院小学教育专业本科毕业生风采录. 第二辑 / 周洪生等主编. -- 南京：南京大学出版社，2023.4
ISBN 978-7-305-26860-1

Ⅰ. ①行… Ⅱ. ①周… Ⅲ. ①南京晓庄学院－毕业生－回忆录 Ⅳ. ①K825.46

中国国家版本馆 CIP 数据核字(2023)第 058502 号

出版发行	南京大学出版社
社　　址	南京市汉口路 22 号　　邮　编　210093
出 版 人	王文军
书　　名	行知路上陶花开
	——南京晓庄学院小学教育专业本科毕业生风采录（第二辑）
主　　编	周洪生　曹同艳　刘宇晴　张济洲
责任编辑	钱梦菊　　　　　　编辑热线　025-83592146
照　　排	南京南琳图文制作有限公司
印　　刷	苏州市古得堡数码印刷有限公司
开　　本	787×1092　1/16　印张 9.5　字数 180 千
版　　次	2023 年 4 月第 1 版　2023 年 4 月第 1 次印刷
ISBN	978-7-305-26860-1
定　　价	35.00 元

网址：http://www.njupco.com
官方微博：http://weibo.com/njupco
官方微信号：njupress
销售咨询热线：(025) 83594756

* 版权所有，侵权必究
* 凡购买南大版图书，如有印装质量问题，请与所购
　图书销售部门联系调换

南京晓庄学院发展历程

南京市晓庄师范学校线：
- 1927年3月 南京晓庄试验乡村师范学校
- 1928年8月 更名南京晓庄学校
- 1930年4月 遭国民党当局查封
- 1951年1月 复校
- 1952年 更名南京晓庄师范学校
- 1955年10月 更名江苏省晓庄师范学校
- 1971年 定名南京市晓庄师范学校

南京幼儿高等师范学校线：
- 1979年 在南京市晓庄师范学校设幼师班
- 1981年 创建南京市幼儿师范学校
- 2005年 更名南京幼儿高等师范学校
- 2014年10月 回归南京晓庄学院

南京教育学院线：
- 1952年10月 创建南京市教师进修学校
- 1953年8月 更名南京市教师进修学校
- 1956年4月 学院一部分改名为江苏教师进修学院 南京市另设南京市教师进修学院
- 1969年 学校停办
- 1972年5月 复办南京市教师进修学院
- 1975年 更名南京市教师进修学院
- 1983年 定名南京教育学院

南京市师范专科学校线：
- 1951年 南京市师范专修科
- 1958年7月 创建南京市师范专科学校
- 1962年7月 学校停办
- 1984年11月 复办南京市师范专科学校

1991年6月，经国家教委批准，南京市师范专科学校与南京教育学院合并
南京市师专·教院

2000年3月，经国家教育部批准，南京市师范专科学校、南京教育学院和南京市晓庄师范学校合并，升格为公办本科院校

南京晓庄学院 NANJING XIAOZHUANG UNIVERSITY

南京晓庄学院发展历程

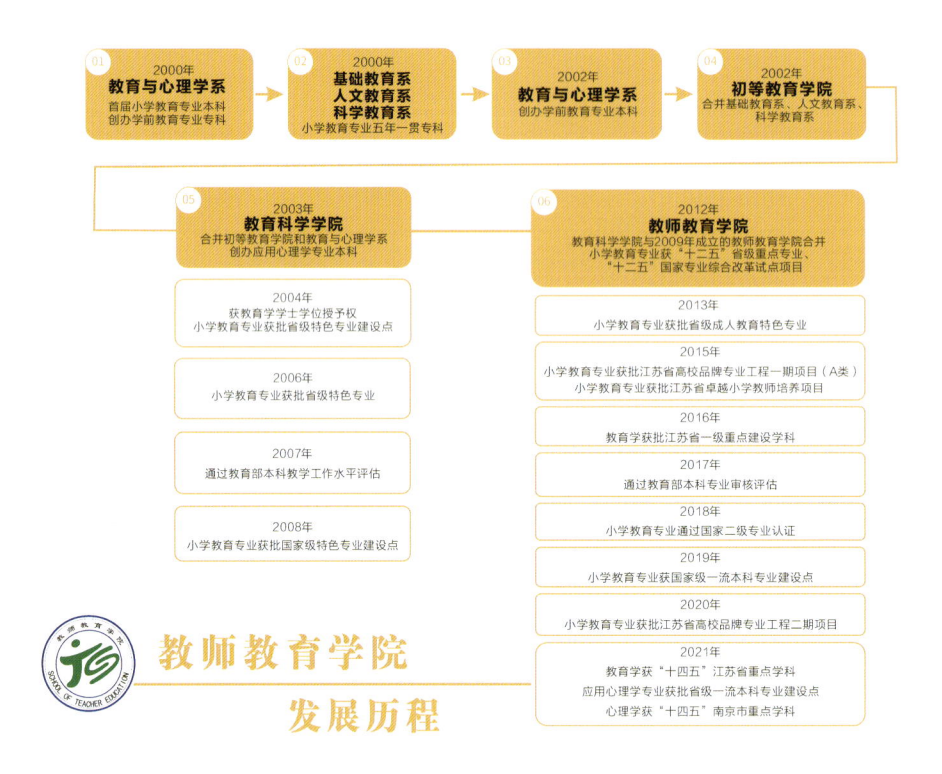

南京晓庄学院教师教育学院发展历程

01　2000年　教育与心理学系
首届小学教育专业本科
创办学前教育专业专科

02　2000年　基础教育系　人文教育系　科学教育系
小学教育专业五年一贯专科

03　2002年　教育与心理学系
创办学前教育专业本科

04　2002年　初等教育学院
合并基础教育系、人文教育系、科学教育系

05　2003年　教育科学学院
合并初等教育学院和教育与心理学系
创办应用心理学专业本科

- 2004年　获教育学学士学位授予权　小学教育专业获批省级特色专业建设点
- 2006年　小学教育专业获批省级特色专业
- 2007年　通过教育部本科教学工作水平评估
- 2008年　小学教育专业获批国家级特色专业建设点

06　2012年　教师教育学院
教育科学学院与2009年成立的教师教育学院合并
小学教育专业获"十二五"省级重点专业、
"十二五"国家专业综合改革试点项目

- 2013年　小学教育专业获批省级成人教育特色专业
- 2015年　小学教育专业获批江苏省高校品牌专业工程一期项目（A类）
  小学教育专业获批江苏省卓越小学教师培养项目
- 2016年　教育学获批江苏省一级重点建设学科
- 2017年　通过教育部本科专业审核评估
- 2018年　小学教育专业通过国家二级专业认证
- 2019年　小学教育专业获国家级一流本科专业建设点
- 2020年　小学教育专业获批江苏省高校品牌专业工程二期项目
- 2021年　教育学获"十四五"江苏省重点学科
  应用心理学专业获批省级一流本科专业建设点
  心理学获"十四五"南京市重点学科

教师教育学院 发展历程

南京晓庄学院教师教育学院发展历程

院 训

博雅 SCHOLARLY GRACE
读眼前书，开窗外事，以未来人民教师的明亮精神去照亮教育之田。

童心 CHILDLIKE INNOCENCE
感悟、呵护童心，许给孩子一个有理想、有希望的未来

母爱 MOTHERLIKE LOVE
捧着一颗心来，不带半根草去，用母爱的光辉点亮孩子心灵『小桔灯』

敬业 WHOLE-HEARTEDLY DEDICATION
仰望追寻陶行知先生万世师表之境界

南京晓庄学院教师教育学院院训

左起第一排：王为正、黄亚萍、王恒辉、孔雪娇、田甜、李伟、许红敏、曹慧英、王本余、赵萌、薛全、杨欢、冯军
左起第二排：陆逸群、吴亚兰、李慧、沈悦菁、蔡鹏程、徐蓉、张雨青、王艳、马腈梅、邵立男、张金红、陆怡如、史茜伦、葛子妤、肖圆圆
左起第三排：许文静、徐燕、管莹、李悦悦、李晏、胡连红、金心瑶、康贝贝、朱姝、胡青、黄耀婷、马慧、刘毛宁、谢岸玲
左起第四排：张倩、陈蓉、周思婕、周雪、赵莉、陈艳芳、陈梦璇、马吉利、罗伟康、吴佳莹、冯婴辉、胡欢、陈丽娇、黄婧、胡敏、宋静、黎畅

2016届小学教育专业语文1班毕业照

左起第一排：沈鑫、冯军、王恒辉、孔雪娇、刘娟娟、严开宏、李伟、赵东金、曹慧英、王本余、赵萌、杨欢、王为正、田甜、陈旸
左起第二排：刘佳、杨舒媛、李雅雯、郑静、姚甜、张靖、李茜茜、曹雅纯、费寅妍、王庭婷、魏婵、钱婕、吕昕、汪妍、金宇蓝、季琳琳
左起第三排：魏敏、祖春燕、宗露露、毛佳妮、唐蕊、殷云欣、黄佳鑫、顾有玮、范羽倩、薛获、戴芬、张时洁、胡贞琴、林敏
左起第四排：周旭佳、严炜、马晓兰、朱奕璇、李颖、潘贝贝、莫少俊、徐寅生、胡艺怀、周涛、李琦麒、李莘、陈丹丹、杨梦蝶、刘香玉、徐雯

2016届小学教育专业数科1班毕业照

南京晓庄学院教师教育学院2013级小教英语班毕业合影留念

2017年6月 南京晓庄学院

左起第一排：董辉、王为正、王恒辉、徐敬标、王丽春、白薇、张波、曹慧英、王本余、赵越、龚心怡、刘佩铭、孔雪娇、李伟
左起第二排：陈秋妤、谢婉莹、余馨乔、刘畅、杨慧、于敏、孙怡君、丁立淳、王妍、单慧娴、唐玉、王雅
左起第三排：李钰萌、贺慧敏、李雯钰、凌苏苏、张皓雯、张译月、张鉴炜、徐陶、陈乐清、吴娴、余雅雯
左起第四排：李悦、张芷薇、戴晴、孙敏、胡梦蝶、刘佳乐、李芳、周雪莲、许子悦

2017届小学教育专业英语班毕业照

南京晓庄学院教师教育学院2013级小教科学班毕业合影留念

2017年6月 南京晓庄学院

左起第一排：王珊春、田甜、李伟、黄亚萍、徐敬标、张波、曹慧英、王本余、龚心怡、赵越、董辉
左起第二排：叶子欣、吴润月、曹俊、王译萱、柳承妤、张静、朱晨梦、王燕婷、张嘉璐、魏雨涵
左起第三排：邹燕燕、肖雄、王艳秋、何东、王锐、陈馨、魏慧聪、叶芳极

2017届小学教育专业科学班毕业照

左起第一排：张海萍　丁茗　魏婷　王本余　赵娟　张波　王为正　曹慧英　唐小俊　刘娟娟　刘文琪　王恒辉　田甜
左起第二排：葛超越　刘璐　姚瑶　吕萱　王宇　顾夕莹　刘竹　朱佳钰　谢鑫　智　董苗苗　王雅雯
左起第三排：金玺　续雅雯　邵宇辰　金璐　赵雅雯　花彧　何思维　何金梦　费珊　薛雪　顾婷轩

2018届小学教育专业实验班毕业照

左起第一排：田甜　赵越　王恒辉　丁茗　赵娟　王本余　张波　王宗海　曹慧英　唐小俊　刘霞　孔雪娇
左起第二排：周芸　邓叶　陈慧婷　江秋蕊　唐婉婷　万季月　赵晨曦　宋丹旎　汤婧　宋彩王　王艳艳
左起第三排：何怡娜　仲靖莲　徐悦容　史夏丽　徐嘉斐　姚高　刁玲玉　朱茜　张琪　姚开杰　云杰
左起第四排：唐许结　孙徐乐　张杰　魏佳弟　曹婧婍　陈婷　杨依璨

2018届小学教育专业语文1班毕业照

2019届小学教育专业数科班毕业照

2019届小学教育专业英语班毕业照

2020届小学教育专业文科定向班毕业照

2020届小学教育专业理1(数学)班毕业照

2021届小学教育专业理1(数学)班毕业照

2021届小学教育专业文2、文(定向)3(英语)毕业照

2022届小学教育专业文科4班毕业照

2022届小学教育专业理1班毕业照

序

  伟大的人民教育家陶行知先生是晓庄的创始人和首任校长,虽然当时的晓庄学校办学时间不长,但是丰富的生活教育实践和中外影响,是晓庄人永远的骄傲。

  1915年6月先生获得美国伊利诺伊大学政治学硕士,1915年9月入学哥伦比亚大学师范学院攻读教育博士课程,1917年8月获"都市学务总监资格凭"后回国。1917年回国后应聘于南京高师,开始了长达三十年的精彩教育人生。

  先生1919年参与平民教育实践活动,在与广大贫苦农民接触后,认识到中国的平民教育不能深入农村就没有前途。1926年12月与赵叔愚等人一同筹划"试验乡村师范学校",在南京神策门外"老山"脚下的"小庄"征得土地200亩及荒山数座。(后老山改名劳山,小庄改名晓庄。)1927年2月南京试验乡村师范学校(后改名晓庄学校)立础礼,先生被推举为校长,1927年3月15日举行了开学典礼,自此3月15日便成了晓庄的校庆纪念日。

  先生在晓庄学校开展了他的"生活教育"理论的实践,晓庄学校在当时的乡村建设运动中,起到了独特的示范作用,被学术界和乡村建设者称为"改造中国乡村的试验机关",学校的影响不断扩大,逐渐成为"改造农村生活的中心",承担起改造农村的任务。但是由于晓庄师生参加了反对英日军舰侵入长江、支援工人反帝国主义罢工游行等活动,1930年4月12日,晓庄学校被国民党政府武力封闭,先生以"勾结叛逆,阴谋不轨"等罪名,遭到通缉,随后暂时匿居上海,后被迫流亡日本。1931年春自日本回国后继续开展普及教育和抗日救亡活动。(以上部分资料来自:《走近陶行知》周德藩等主编,高等教育出版社2011年11月版。)

  1936年7月先生受救国会派遣出访欧美亚非等28个国家,宣传抗日救国及介绍中国大众教育运动,1938年回国后,在"回国三愿"中提出"创办晓庄学院,培养高级人才"。可惜因种种原因,直至去世(1946年7月25日12时30分,因劳累过度,突发脑溢血,溘然长逝,享年仅55岁)都未能如愿。但是这个心愿也表明了先生的"晓庄情结"和与时俱进的创新精神。

新中国成立后，1951年经周恩来总理亲自批准，南京(市)晓庄师范学校复办，学校在半个世纪中，培养了大批优秀的小学教师。2000年经教育部批准，与南京师范专科学校、南京教育学院合并成立了本科层次的"南京晓庄学院"。

在党和各级政府关怀下，一代代晓庄人共同努力，建成了方山新校区。学校现有方山、莫愁和晓庄(行知园)三个校区，晓庄(行知园)校区是陶行知先生当年办学原址的核心区域、生活教育理论发源地和实践地。学校充分发挥学科建设的龙头作用，确立了以教师教育为主体，以新文科和新工科为两翼的三大学科体系。

纵观学校近一个世纪的发展变迁，正如先生所言："晓庄是从爱里产生的，没有爱就没有晓庄。"爱与奋斗交织的乐章，始终体现在晓庄的发展过程中。今天的晓庄学院正在向"建设新时代教师教育特色鲜明的高水平大学"努力迈进。

在学校的各专业中，小学教育专业特别突出，被评为"国家级特色专业"，获批"国家级一流本科专业建设点"，成为学校的品牌、考生的向往。二十多年来，小学教育专业为社会培养了一万多名合格的本科层次小学师资。他们创新的"顶岗培训，置换进修"，自2006年起，安排师范生到村小顶岗实习，置换出乡村教师，重返高校脱岗培训。16年来，该项目从部分试点到全面推广，从学校自主开展到教育主管部门支持推广，从最初的39名师范生参与到如今3 050名师范生受益，1 384名乡村教师参与置换研修培训，合作学校560所，其中大部分是涉农区域的乡村小学，为乡村教师的职后教育和在校生的实践拓展开辟了一条新路。

晓庄学院践行陶行知先生"生活教育"理念，构建"全程化、系列化、主题化"的多方协同培养模式，探索"社团实践—教育实践—社会实践—研学实践"的广域路径，拓展学生的实践领域。2009年成立的"晓童年"支教实践团，为边疆地区和乡村儿童义务送教。截至目前，该团队共招募"小先生"1 728名，惠及边疆和农村儿童近3.8万人。

正如媒体报导的："在如何赓续晓庄传统，弘扬行知精神，发挥陶行知思想的现代价值，落实《新时代基础教育强师计划》"，构建开放、协同、联动的教师教育体系方面，南京晓庄学院积累了较丰富的经验，正在新时代强师路上阔步前进。

2018年，为了反映小学教育专业的办学成果和培养质量，教师教育学院用晓庄学子自己的事迹，编辑了《行知路上陶花开》这部作品，正如该书序言所说："校友是学校的'名片'。小学教育专业人才培养质量究竟如何？本书给了我们初步的答案。衷心希望教师教育学院通过校友这一视角，总结、检视、反思自身在特色专业、品牌专业建设方面的经验与不足，同时利用校友这一资源，激励在校学生以广大校友为榜样，志存高远，勤奋学习，努力成才。"

前书的出版受到广大校友和社会的好评,但因编辑时间仓促,对乡村教师的题材还反映不足,所以这次的"第二辑",更多的采访对象倾向于乡村教师,其中大多是2010年以后走上工作岗位的,包括第一届乡村定向师范生。

这次的采访工作主要由在校学生参与,不少教师也给予了指导,最终成稿30篇。"第二辑"中,校友对母校的情谊令人感动;校友在工作中所取得的成绩,也是母校的光荣。我们希望续编的出版,能够体现一代又一代晓庄人的新风采。

如先生所言:"晓庄是一部永远不会完稿的诗集"。所以,在清代诗人郑燮的诗《新竹》之后,加上一句话以表心志:新竹高于旧竹枝,全凭老干为扶持。明年再有新生者,十丈龙孙绕凤池。少年当立凌云志,报效祖国终有时。

各位晓庄人,继续努力吧!

王泽农
于方山 2023 年 3 月

前　言

光阴荏苒,岁月如歌。从陶行知先生1927年创办"晓庄试验乡村师范学校"算起,小学教育专业当之无愧成为南京晓庄学院办学历史最悠久的专业。新中国成立后,该专业经历了中专—大专—本科三个发展阶段。20世纪八九十年代,在我国教师教育办学体制和办学层次改革的大潮中,南京晓庄学院前身之一的南京晓庄师范学校拓荒前行,1985年进行了小学教育专业"三二分段"(即三年中师、二年大专)试点,1998年与南京师范大学合作创办小学教育本科专业,开创了中国大陆地区培养本科层次小学教师的历史先河。迎着新世纪的曙光,南京师范专科学校、南京教育学院、南京市晓庄师范学校合并升格为本科院校,自2000年秋季开始独立培养本科层次的小学教师,小学教育专业迎来了蓬勃发展的春天。

二十多年来,我们的教育教学条件不断改善。学院实验教学中心始建于2002年,2010年建成教师教育远程互动中心,2014年获批成为江苏省实验教学示范中心,2017年建成教师教育协同创新中心,中心目前拥有各类实验、实训功能室90余间,总建筑面积约3 850平方米,设备4 000多件套,资产1 600余万。教师教育实验教学中心目前已构建了虚拟仿真实训模块、智慧教育研究模块、STEAM教育实训模块、教师专业技能实训模块、互动教学实训模块、心理学实验模块、科学综合实训模块、微格教学实训模块、教育技术应用、师生自主学习十大实验/实训平台,现面向全校教师教育专业师生服务,为师范生开展实验实训提供优质的教学条件和保障。我们与60多所小学签订了《南京晓庄学院教师教育学院小学教育国家特色专业建设点合作共建协议书》,形成了具有长期性、实质性互惠合作关系的实践基地。

二十多年来,我们的师资队伍力量不断增强。本专业教师在多年实践探索的基础上凝结而成的《教学做合一:小学教育专业实践课程体系建设》《基于"大课程与大教学观"小学教育专业综合改革实践探索》《小学教育专业师范生教育情怀培养的"四位一体"路径创新》，分别于2007年、2013年、2021年荣获江苏省高等教育教学成果一等奖；《扎根乡村40年的行知教育实验》2021年获江苏省教学成果奖（基础教育类）特等奖。《教学做合一：小学教育专业跟师学习的探索与实践》荣获2017年江苏省优秀教学案例特等奖。2020年，主编教材《教师口语教程》获批江苏省高等教育优秀培育教材；2021年，参编教材《班级管理（第3版）》获首届全国优秀教材（高等教育类）二等奖；主编教材《小学生认知学习》获批江苏省高等学校重点教材立项建设项目。2021年，《德育与班级管理》《小学语文教学设计》《现代教育技术应用》《普通话与教师口语》《视力健康与近视预防虚拟仿真实验》5门课程获批江苏省首批一流本科课程。近十年，本专业有近10位教师被南京师范大学教育科学学院聘为教育学专业硕士论文答辩委员会委员或主任委员，参与了几十场硕士论文答辩。2014年，我们与广西师范大学签订协议，自2015年开始联合培养硕士研究生。2022年，与西北师范大学、南京信息工程大学、扬州大学等学校开展硕士生联合培养工作，共新增硕士生导师16人次。

　　二十多年来，我们的专业建设水平不断提升。2004年，小学教育专业获得了学士学位授予权，被遴选为江苏省特色专业建设点，2006年初正式挂牌"江苏省特色专业"；2008年，小学教育专业获批国家级特色专业建设点，成为继首都师范大学、上海师范大学之后第三个国家级小学教育特色专业；2012年，小学教育专业获批国家专业综合改革试点专业，同年又获批省级重点专业教育学类核心专业，在2014年省级重点专业中期检查中，获得了优秀格次，是唯一获得优秀格次的教育学类重点专业；2013年，成人教育小学教育专业通过江苏省教育厅验收成为省级教育特色专业，自此，小学教育专业成为省内唯一在普通高等教育和成人高等教育领域均有"特色"身份的专业，在全国率先实现了实质性的"职前职后一体化"；2015年，小学教育专业获批江苏省品牌专业建设一期工程（A类）项目，同年又获批江苏省卓越小学教师培养计划项目；2018年，小学教育专业通过了国家师范类专业二级认证；2019年，小学教育专业获批国家级一流本科专业建设点；2021年，小学教育虚拟教研室获批首批省级虚拟教研室建设培育点。

　　二十多年来，我们的招生就业形势高位稳定。小学教育专业是全国绿牌专业，江苏热门专业，南京晓庄学院招生录取分数线最高的专业，生源第一志愿率为100%；经过四年的专业教育，毕业生毕业率在99%以上，学位授予率在98%以上，一次性协议就业率均在92.95%以上；毕业生的就业岗位与专业相关度高，就业层次和质量高,在最新2021校友会中国一流专业排名(应用型)中,南京晓庄学院居2021中国师范类大学一流专业排名(应用型)首位,据2021年的调查,毕业生对母校的满意度达到99.38%,用人单位对我们毕业生的评价是:敬业,基本功扎实,教学能力强,上手快,发展比较迅速,等等。

我们认为,办学条件的改善,师资力量的增强,专业品质的提升,招生就业的兴旺,固然是一个专业在建设方面具有外在显示度的标志性成果,但最关键的标志性成果是我们所培养的人,因为他们才是我们专业建设的"产品",一定要让"产品"说话。这就是我们编辑出版《行知路上陶花开——南京晓庄学院小学教育专业本科毕业生风采录》(以下简称《风采录》)的初衷。用"行知路上陶花开"命名这本《风采录》,是因为从这里走出的小学教育专业本科毕业生,都以成为"陶子"为荣,他们自觉地把南京晓庄学院的文脉延伸到他们的岗位上,把伟大的行知精神发扬到他们的实践中。

在30篇文稿中,你可以发现我们的毕业生师德的高度。清晨迎着灿烂的朝霞走进校园,傍晚伴着落日的余晖离开学校,周而复始,他们为教书育人而勤勉工作着;金秋九月,张开怀抱,迎来一个个渴求知识的儿童,七月盛夏,挥挥双手,送别一个个走向中学的少年,年复一年,他们为教书育人而默默奉献着。

在30篇文稿中,你可以触摸到我们的毕业生情感的热度。他们热爱儿童,"努力用真心、爱心与诚心去做那个最最接近童心的人,用慧心、细心与耐心去做那个陪伴孩子们学习与成长的人"。孩子们的课间游戏中有他们的身影;孩子们在午间休息时有他们的照看;孩子们在放学离校时有他们的护队,甚而至于,他们中有人还会把没有家长来接的孩子主动送到家里。为了帮助因为家庭变故状态下滑的孩子解开心结,他们一方面做好家长的工作,一方面对孩子进行心理疏导;为了帮助学习有困难的孩子提高学业成绩,他们中很多人牺牲了个人的休息时间,义务为孩子单独补课"开小灶",为了寻找被父母"丢弃"的学生,他们中有人第一次爬上门框,只为一探究竟;为了"解救"假期中沉迷网络电视难以自拔的学生,他们中有人连续几天前往孩子家中进行教育与监督……他们认为,"孩子是这个世界带给我的最好的礼物",庆幸"自己是孩子们的老师,孩子们也是自己的老师……正是因为我们相遇在教育的晴空下,彼此心心相印,才成就了我们共同的成长"。

在30篇文稿中,你可以捕捉到我们的毕业生智慧的亮度。他们将自己所学的理论应用于教育教学实践,顺利地解决了困扰孩子成长的各种"烦恼":有人祭出环境熏陶体验法、主题活动体验法、岗位角色体验法等"三招",帮助班级中不少孩子克服了作业拖拉的毛病;有人采用"班委轮流制"的办法,帮助孤单到从未有过同桌的孩子第一次尝到有了同桌且常换常新的乐趣;有人实施家校合作、协同育人"六步走"计划,帮助玩手机成瘾的孩子摆脱对手机的依赖,重新回到正常的学习生活状态;有人运用"谈心预约单"发现了孩子的困惑与无助,通过与家长的有效沟通,帮助表现出色的孩子卸掉过重的课外学习负担……他们将自己的聪明才智释放于技能比拼的赛场,在校级、区级、市级、省级乃至国家级的教学竞赛中均有不俗表现,其中有2人从区赛起步,一路"过关斩将",分别夺得长三角地区中小学班主任基本功大赛一等奖第一名、江苏省教师中华经典诵写讲特等奖(总分第一);他们将自己的聪明才智倾注于学生个性特长的培养,把学有余力的孩子送上了"七彩语文"全国作文大赛、全国书法大赛、江苏省诗歌大赛、CCTV"希望之星"英语风采大赛、21世纪英语演讲比赛、国际英语演讲精英赛、亚洲杯机器人大赛、江苏省"信息与未来"编程夏令营等学科竞赛的领奖台;他们将自己的学科专长施展于基础教育领域,为南京市小班化教育开发了官方网站,为全国校园电视评选奉献了分获金奖和银奖的德育微电影。

在30篇文稿中,你可以体会到我们的毕业生追求的力度。他们坚持终身学习的理念,在专业发展的道路上不断给自己提出新的小目标,并一步一步地去努力实现。他们中的不少人在入职之初都自费订阅了好几种教育报刊,把读书作为支配自己业余时间的最好方式,将有关学科教学策略的读物作为自己的枕边书;他们积极参加各种类型的培训活动,在省级少先队骨干辅导员培训、市级班主任高级研修、区级各科骨干教师研修、远程网络培训、经典诵读教育骨干教师培训等培训学习场所,常常能看到他们活跃的身影,为此,他们克服了工作忙、孩子小、路途远等诸多困难,拿到了全国中小学教师教育技术水平考试、江苏省小学学科教师网络培训、江苏省专业技术人员信息化素质培训考核、江苏省英语教师雏雁培育项目、网络工程师认证等多种合格证书;他们坚持边工作、边学习、边研究,所写的教育教学论文见诸《南京晓庄学院学报》《教育导报》《教育视界》《教育研究与评论》《当代教育评论》《江苏教育研究》《江苏教育》等数十种期刊;他们不满足于做一个本科学历的小学教师,其中有2人在读完硕士研究生后走上教师工作岗位,有5人先后从浙江大学教育学院、南京师范大学教育科学学院、西华师范大学教育学院、扬州大学教育科学学院获得专业硕士学位。

在 30 篇文稿中,你可以看到我们的毕业生成长的速度。他们中有人任教两年就当上了一个年级的学科备课组长,有人任教三年就当上了六个年级的学科教研组长,有人任教四年就当上了分管一个学科教学的教导副主任,有人任教八年就进入了学校决策层,成为校级领导班子中最年轻的成员。他们不仅从本校的同龄人中脱颖而出,而且大多拥有所在区教育系统优秀共产党员、优秀共青团员、优秀团干部、优秀中(大)队辅导员、优秀班主任、优秀教育工作者、教学先进个人、教科研先进个人、教坛新秀、教学能手等荣誉称号,其中 10 人成为区级学科带头人,8 人荣获市级优秀青年教师称号,7 人次荣获市级青年岗位能手、技术能手、五一创新能手称号,2 人获得市级五一劳动奖章,1 人被遴选为江苏省"333 工程"高层次人才第三层次培养对象。

在 30 篇文稿中,你可以感受到我们的毕业生文字的温度。他们描绘了基础教育一线教师平凡但并不平庸的教育生活的真实镜像,表达了正在成长且尚未完全成熟的青年教师的真诚心声。他们是走在行知路上的追梦人,是朱永新先生所言"与学生是互相依赖的生命""每天都在神圣与平凡中穿行"的教师。难能可贵的是,他们在讲述自己成长故事的过程中,都怀揣一颗感恩的心:"感恩在晓庄那四年的人生积淀和拔节成长,感恩十三年来引领、助推我专业成长的前辈和同伴,感恩陶行知先生赐予我的精神滋养和人格力量。""感谢南京晓庄学院和南海舰队,为我的青春抹上了葱郁苍翠的绿色;感谢南京理工大学实验小学,为我的青春提供了绽放活力的舞台。""感恩晓庄,让我找寻到职业发展的路径;感激琅琊,让我行走在专业化成长的快速道;感谢随园,启迪我不断冥想反思、叩问自己。"如此带有情感温度的文字,在书中随处可见。

二十多年来,我们秉承生活教育理念,聚力基础教育,传承行知精神,立足南京、面向江苏,致力于培养以立德树人为己任,师德高尚、热爱儿童、专通融合、知行合一、终身学习,具有卓越教师潜质的小学教育教学能手。《风采录》中 30 篇文稿的主人公,不正是我们所期望的人吗?他们从不同侧面揭示了南京晓庄学院深厚的历史文化底蕴和优良的教师教育传统在自身职业生涯发展中的奠基作用,事实上在不经意间成为与我们孜孜以求的培养目标高度契合的"产品"代言人,这使我们倍感欣慰,也倍感自豪。

8 000 多名毕业于南京晓庄学院小学教育专业的校友,一直是我们的牵挂。为了历史地、真实地反映 2000 年升本以来 22 届本科毕业生的职场风貌,在编辑这本

《风采录》时，我们并没有刻意设定严苛的遴选标准，也没有生硬拒绝校友的自发投稿，只要来稿符合本书的编写宗旨，无论是约稿还是投稿，我们一概"笑纳"。由于条件所限，我们不能也不可能采访到每一位校友，有些校友寄来的稿件和资料因为需要进一步补充完善，还来不及在本书中呈现，这的确是一大憾事。但我们坚信，他们的职业生涯也都有可圈可点之处，也都将是为晓庄这部永远不会完稿的诗集增光添彩的篇章，他们与本书中展现的 30 名校友一样，共同构成了南京晓庄学院小学教育专业的骄傲。

十年树木，百年树人。96 周年校庆期间，93 届 905 班毕业满 30 周年毕业校友利用周末休息日回到母校，看望恩师，参观实践教学中心，重温手工课，并在行知楼旁共同种下一株银杏树，将"以一棵树摇动另一棵树"的美好祝愿厚植于沃土之中，表达对母校的衷心祝福。

目 录

陶行知教育思想的实践与思考 …………………… 1999届郑　炜 / 1

潜心研究,不断拓展教书育人的新宽度 …………… 2001届吴存明 / 4

星辰大海皆是你——记莎车县第五小学吴红英老师

　　　　　　　　　………………… 2002届吴红英(采写:顾钰烨) / 13

晓庄精神永难忘,桂花盛开在边疆——记伊宁县喀什镇中心小学赵桂花老师

　　　　　　　　　………………… 2002届赵桂花(采写:王中岩) / 17

师德在心,大爱无疆——记新疆伊宁市第二十五小学周丽艳老师

　　　　　　　　　………………… 2002届周丽艳(采写:薛咏杰) / 21

匠德·匠心·匠艺 …………………………………… 2007届陶敏苹 / 28

不忘初心,助推梦想 ………………………………… 2010届高敏茗 / 35

为乡村教师代言 ……………………………………… 2011届成　航 / 40

踔厉奋发,为梦而行 ………………………………… 2011届高俊丰 / 46

风雨润桃李,黑白画春秋 ………………… 2011届钱伟钧(采写:戈菲菲) / 50

知行合一,砥砺前行 ………………………………… 2011届王　青 / 53

让爱心伴随自己,把精彩留给学生 ………… 2012届肖立丽(采写:张　琳) / 57

平凡中的光亮 ………………………………………… 2012届严　婷 / 61

晓庄,梦开始的地方 ………………………………… 2012届殷　雯 / 67

不忘初心,为站稳讲台而奋斗 ……………………… 2012届俞丹霞 / 71

教育是点燃一把火 …………………………………… 2012届周秋月 / 76

心中有爱，教育有方 ·· 2013届彭青美 / 79

行为世范　为人师表——记南京市汉江路小学彭誉慧老师

　　···································· 2013届彭誉慧（采写：陆佳贤）/ 83

不忘初心　方得始终——记南京市溧水区经济技术开发区小学汪腊梅老师

　　···································· 2013届汪腊梅（采写：梁雨婷）/ 89

坚守初心　专业践行 ·· 2013届王　琛 / 92

做孩子心灵的捕手 ·· 2013届张佳雯 / 95

教师——我一生的事业 ···································· 2014届黄　春 / 101

只争朝夕　不负韶华 ················ 2014届吴蕴玥（采写：宋　然）/ 107

心中有光　照亮四方——记南师附中仙林学校小学部严婧老师

　　···································· 2014届严　婧（采写：陈乐涵）/ 113

扬大志向　做小事情 ······································ 2015届陆　游 / 115

做学生喜欢的幸福教师 ·································· 2016届殷　芊 / 120

破雾见光　奋力向前——记淮安市白鹭湖小学张雨老师

　　······································ 2017届张　雨（采写：李　静）/ 125

坚守初心，逐梦芳华——记南京市雨花外国语小学金宝萍老师

　　···································· 2019届金宝萍（采写：吴昕潞）/ 129

育人不忘修己 ······························ 2020届刘　唯（采写：贾小雨）/ 132

人间有所寄 ·· 2020届邱永妍 / 135

后记 ·· / 139

陶行知教育思想的实践与思考

郑 炜

【校友名片】

郑炜,1999年7月毕业于南京晓庄学院,中共党员,中学高级教师,现任燕小教育集团中心校校长、支部书记。从教23年,先后获评"南京市优秀教育工作者""南京市特殊教育发展先进个人""栖霞区优秀教育工作者""栖霞区小学优秀青年教师""栖霞区小学语文学科带头人""栖霞区优秀党务工作者""栖霞区党工共建先进个人"称号。

郑炜从教23年,"过一种幸福完整的教育生活"是郑炜管理学校的价值追求。营造书香校园、师生共写随笔、聆听窗外声音、培养卓越口才、构筑理想课堂、建设数码社区、推进每月一事、缔造完美教室、研发卓越课程、家校合作共建,新教育十大行动是郑炜管理学校的活动支撑。

研发"真情微课程"滋养"流动的花朵"

郑炜初到钟化小学南化校区任职,发现办学条件较为简陋,在编教师只占总教师数28%,学生都是全国各地民工子女。他们背井离乡,带着孩子来到陌生的城市生活,他们不像一些大城市里的人有着优越的生活条件,他们有的只是空空的行囊。他们住在简陋的出租房里,每天早出晚归,无暇顾及子女的学习,有时这些孩子在家中也要承担相应的家务,比如烧好晚饭,等待父母。他们的流动性很大,学校开学,每个班都有几个孩子随着父母流入别的城市。在这样的环境中成长的孩子羞涩中隐含着自卑,在这样的环境中的家长们言行中透露出麻木。面对这一切,让刚刚走上校长岗位的郑炜陷入了沉思,决定研发"真情微课程",他确立了"真情教育"的办学理念,以师德建设活动、德育活动、教学活动、后勤保障工作等为载体,推动学校发展教育的实质是关注人,关注生命。

学校从学生实际出发,精心设计"悦读课程"实施方案,首先向学生推荐著名儿童作家,并推荐了他的一部作品。学生在了解作家并阅读了他写的作品后,对作家产生了浓厚的兴趣。接着,学校便邀请作家来校和全校学生交流读书心得,在互动交流时,孩子们争先恐后地向作家提问,就连平常不爱交流的孩子那一天也兴高采烈。"真情教育"就是用十分的关爱与智慧去发现、欣赏、唤醒孩子们自身的美,让这些"流动的花朵"更自信、更艳丽、更快乐。

拥抱幸福,践行新教育

在任职化纤新村小学校长期间,作为校长,他挖掘教师团队潜力、基于学情,以生为本,开展"书法教育",以"树墨韵文化,立儒者品行"为办学目标,积极引导全体学生写好汉字,助力学生儒行的积淀,逐步形成了"墨韵·儒行"校园文化特色。学校成功创建南京市中小学书画艺术团,先后被评为中国写字(书法)实验学校、江苏省书法特色学校、江苏省中华成语研究会教学实践基地、南京市语言文字示范校等,学校的课题"'墨韵文化'滋润儿童优势成长的实践研究"先后被评为江苏省教育科学"十二五"规划课题、南京市教育科学"十三五"规划精品课题培育对象,申报的项目"'墨韵文化'校本课程滋润儿童核心素养的实践研究"被评为南京市基础教育实验改革前瞻性项目,学校《"墨韵文化"校本课程》被评为全国新教育实验十大卓越校本课程提名奖等,学校多项办学工作获得了公认的跨越性发展,开启了学校特色发展的新征程。

坚定信念,收获新教育

因成绩突出,2019年郑炜被调入燕子矶中心小学担任校长,在新的学校积极开展新教育的十大行动。打造书香校园,开展校园读书节活动;打造理想课堂,重视音体美、综研、心理等小学科的课堂教学;坚持科研兴教,燕子矶中心小学在2019—2020年一年时间申报立项两个省级规划重点课题、一个市级规划立项课题、两个区级规划课题;推进每月一事,重视德育活动的开展与品牌打造;建立数码社团,学校在信息学科、机器人研究方面屡创佳绩。

在"过一种幸福完整的教育生活"的价值引领下,他秉承陶行知先生以儿童为课程设计的出发点和归宿点的课程观,根据课程目标与内容,带领学校将国家课程、地方课程和校本课程进行系统整合,将学校所有课程划分为健康的身心、艺术的修养、智慧的头脑、家乡的情怀四大领域,形成了学校课程文化图谱,让学校课程特色逐步走向了生成的课程文化。在课程实施过程中,学校逐步完善原有校本课程,形成以"悦"为核心词并且全面覆盖德、智、体、美、劳、群的悦燕、悦陶、悦视、悦读、悦心、悦动、悦研、悦创八个系列课程,简称"八悦"课程。

在第二届中英STEAM国际创新大赛江苏选拔赛中,"道路清洁车"等三个作品获得一、二等奖。2019年8月至12月郑炜带领燕子矶中心小学先后获评区第三届小学生"汉字文化节"活动展评一、二等奖,优秀组织奖;区第十五届"南师大附校杯"小学生英语短剧三等奖;区庆祝中国少年先锋队成立70周年活动优秀组织奖;区第二届中小学生小乐器比赛二等奖;区十七届中小学生田径运动会一等奖;区阳光体育节校园冬锻比赛一等奖。先后成功创建区创客教育实践基地学校;市创新教育实验学校;市融合教育示范学校;市智慧校园示范学校;市中小学"弹性离校"先进单位;省健康促进金牌学校。

"捧着一颗心来,不带半根草去"的奉献精神一直涤荡着全体晓庄人的灵魂。郑炜说道:"我们学陶师,不是望山而拜,而是脚踏实地的践行。学习陶先生就是要学习他的奉献精神、求真精神、创造精神、博爱精神。"

展望未来,燕小在郑炜的掌舵之下,必将进一步传承行知思想,在教育战线上绽放出更多的幸福之花!

【从教感言】

小学教师在新时期要具备身心健康(自主生活的能力、情绪管理的能力)、喜爱孩子(交流沟通的能力、融洽相处的能力)、求知欲强(分析问题的能力、解决问题的能力)、善用资源(处理信息的能力、协调合作的能力)等核心素养。小学教师应该是活泼生动的实践者、探索者,是培养德智体美劳全面发展的人的排头兵。小学教师应该研究儿童的世界,成为儿童的真朋友。小学教师的根本任务就是在孩子7—12岁的这段时间教会他们与年龄匹配的良好生活习惯和学习习惯,并且让他们对世界、大自然、社会有着美好的憧憬和向往!

潜心研究，不断拓展教书育人的新宽度

吴存明

【校友名片】

吴存明，2001年参加工作，高级教师，中共党员，现任南京市溧水区洪蓝中心小学副校长，江苏省南京市溧水区小学数学乡村教师培育站主持人、溧水区吴存明小学数学名师工作室主持人。曾获"南京市小学数学学科带头人""江苏省优秀教育工作者""江苏省333高层次人才培养工程培养对象""江苏省教育科研先进个人""江苏省数学学科优秀青年教师""南京市新一轮首届斯霞奖""南京市中青年拔尖人才培养对象""南京市优秀青年教师""江苏省溧水区乡村小学数学培育站优秀导师"等荣誉称号。曾两次获"一师一优课、一课一名师"教育部优课，三次获江苏省小学数学赛课一等奖，两次获得南京市小学数学教师基本功竞赛一等奖，赴全国各地送公开课（讲座）三十余场。

"人不能决定生命的长度，但却可以拓展生命的宽度。"怀着这样的信念，吴存明老师二十多年来无论是在县城（溧水区实验小学），还是在乡村（溧水区和凤小学、溧水区东庐小学、溧水区洪蓝中心小学），抑或是在支教学校（洪泽县三河镇中心小学、西藏墨竹工卡南京实验小学），一直本着"勤学、善思、实干"的爱岗敬业精神，扎根一线，努力探索，大胆尝试，用实际行动实践着自己的教育理想，以此拓宽

着自己生命的宽度。

初上讲台的彷徨者——他学，故他成长

受父母尊师重教的观念影响，加上个人的性格使然，1998年，中考填报志愿时他毫不犹豫地填报了师范学校。2001年，年仅17周岁的他成为一名光荣的教师。

与天真烂漫、朝气蓬勃、活泼可爱的孩子在一起，什么烦恼、忧愁荡然无存，与孩子在一起，可以始终保持阳光，他喜欢这个职业。不过，喜欢一件事和干好一件事是两码事，刚入职那几年他的教学经历印证了这句话。

"昨夜西风凋碧树，独上高楼，望尽天涯路。"这是刚入职那会，他教育生活的真实写照。为了尽快成长起来，唯有通过大量学习来弥补自身不足。于是，他如饥似渴地自学了大量有关课程标准和教育教学的文章书籍。在《给教师的建议》中，他见识了苏霍姆林斯基那充满思辨色彩、文学色彩的朴实文字；在徐锦铭的《小学数学教学实践与研究》中，他学习了多条教学规律和教学原则……他还订阅了《小学数学教师》《小学教学参考》和《小学青年教师》等教学期刊，从中搜寻最新的教育理念和优秀的教学设计。他一边学习，一边实践，每天都会去听平行班老师的课，渐渐地摸到了数学教学的一些"门道"，教学水平不断进步。

记得有一次教育局领导来校进行教学视导，工作不久的他"中奖"了，被时任数学教研员的张德清主任抽到听课了；没想到的是，那天他的数学课由于借鉴了杂志上的一篇优秀教案，结果上得很好。在尝到甜头后他加倍学习，不久之后第一次撰写的数学论文《激活课堂，体现主体，焕发创新活力》获得了县级评比一等奖，送往市级评比又获得一等奖，还印制了一百份参加市级会议交流，这在当时可着实"风光"了好一阵啊！

正当他自信满满的时候，却经历了一次"失败的打击"。2003年，全县举行数学教师赛课。经过一番准备后，一份沉甸甸的教案诞生了。可是，拿着这份自以为完美的教学设想借班上课，许多精彩的内容竟然都没有来得及完成，赛课的结果自然是"名落孙山"。他不停地反思：为什么这节课会失败？为什么他借鉴了许多名师的优秀教学设计，到最后会是一场空？……他知道，面对教育教学中遇到的问题，他如同是黑暗之中的夜行者，充满彷徨与无奈。

那时,他的心底喊出了工作以来的第一个最强音:他是教学路上一个彷徨的夜行者,他要成长!

课堂教学的蜕变者——他思,故他成长

叶澜教授曾说:"一个教师写一辈子教案难以成为名师,但如果写三年反思则有可能成为名师。"一语惊醒梦中人,这句话直抵他的心灵深处。作为教师,如果只是读书、教书,不写作、不反思、不梳理自己的成败得失,怎么可能提升自己的教学水平呢?充其量只能当一辈子的教书匠而已。要使自己尽快成长起来,就要坚持反思。

为了寻求蜕变,每次研讨课、公开课,他都主动请缨,要求献课,只为课后可以聆听教研专家的智慧点拨。一次次历练,他也越来越清醒地认识到教师的工作是一种创造性的劳动,不能简单模仿,不能邯郸学步,应该不断反思。不知是哪一天,他好像顿悟了——原来,那年的"失败"在于:教学设计只是关注了教师精致的教,并没有真正考虑学生自主的学,导致学生说不到位、说不准确。

于是,在设计课堂教学时,他更多地融入自己的理解,对于如何备好一堂数学课也有了新的认识。他在《小学数学教学》发表《从"堆课"走向"备课"》一文,指出:

> 备课的过程不是把别人的"精华"都一一堆砌的过程。他们应该在认真钻研教材、吃透教材的基础上,做这样的思考:"学生为什么要学这部分内容→学生究竟要学什么?→学生到底会怎么学。"一旦沿着这样的思路开始备课,这堂课就顺了,就有了整体的架构。

他思,故他在;他思,故他成长。2004年,他有机会参加南京市教育局组织的全市小学数学教师基本功大赛,获得市级一等奖的好成绩(一等奖8位获奖者中唯一的农村教师)。2005年,他为东南大学出版社录制"提前接触新课标、新教材"录像课。他想,这些成绩的获得不是偶然,源自他对课堂教学的坚守,源自他对课堂教学的反思,也源自学校领导老师的倾力相助!

正所谓"机遇只偏爱有准备的头脑,只要持之以恒,便会得到敬佩"。他相信这句话。2007年以来,在溧水实小谢翔校长的带领下,在教研室边为民、吴义明主任

的引领下,他有机会"走南闯北",在淮安、南京、重庆、溧阳、扬州等地执教公开课二十余次,每一次都有新的思考。

在他的内心记忆最为深刻的还是2008年。在这一年里,他一路"过关斩将",终于通过了县、市的初赛,代表南京市参加了在扬州举办的江苏省教研室小学数学课堂教学竞赛。他执教的课题是《认识比》。要想把这样一节"冷门"概念课上好,可真是费了番脑筋。一是参考资料少,二是出彩难度大。在那段时间里,他几乎天天泡在电脑面前,不断地调整自己的教学设计:情境的创设、兴趣的激发、氛围的形成、难点的突破、课堂的生成、精当的小结、恰当的评价……每一次的调整都力求趋于完善。直到上课前一天晚上,市教研室朱宇辉老师、溧水实小教科室的刘继业老师一直陪着他到深夜,帮助他梳理了整节课所有的教师问话,并且告诉他:上课问话一定要考虑学生能否"接"上来;在课堂上一定要注意"听"学生的发言,你的话和学生的话"接"得上去。

正式比赛那堂课,课始,他创设了一个比较照片美观度的情境。首先电脑出示了3幅"中国最美丽的桥"——扬州五亭桥的风景图片,问:哪幅图的形状看起来最舒服、最美观?为什么大家都认为第二幅最美观呢?引发学生思考,既激起了学生的好奇心理,又制造一种认知冲突,让学生在惊奇之中有一种期待,这些图片与今天的数学课有什么关系呢?课中,他利用学生已有知识和经验,用比表示果汁和牛奶的杯数关系;让学生利用常见的数量关系来理解路程与时间的比、总价与数量的比;借助分数和除法的关系主动探索比与分数、除法的关系,让学生自主完善认知结构。课尾,他拓展到"黄金比"的知识。虽然是一节知识"告诉"比较多的概念课,但学生学得既扎实又生动。这节课,他获得了江苏省一等奖。

赛后,听课老师在网上纷纷发表了自己的听课感想。比如溧阳教育信息网一位教师这样写道:

> 南京市溧水实小的吴存明老师就在利用学生的生成上,出现了一大亮点,让所有听课的老师为之一振。练习时,他让学生猜测人伸直手臂和身高的比时,从图片中能很清楚地看出是1∶1,但这位学生却说是2∶3,他本认为他用课件证实之后就结束了,但他却走到这位学生的面前,说:虽然你猜错了,但你说了一个很了不起的比,等会儿你就知道了,他们来握个手。不仅让学生从错误的失落中走出来,也使他们的兴趣更浓,他明

显地看到学生想继续盼望的眼睛。而他也被他的这些话提起了兴趣,急切地等待下文。原来这是黄金比的预设。就因为他对这个生成的运用,使课堂最后的几分钟更加精彩。

这次比赛,让他真正经历了不断思考、打磨、推敲的过程。课堂因不断打磨而走向精彩,生命因不断思考而走向丰富。此后,他又参加了多次教学比赛:2012年参加教育工会组织的"五一"课堂比赛获一等奖,并授予"五一"创新能手;2012年参加市小学数学教师基本功大赛获一等奖;2013年参加市教学实践与评优比赛获一等奖;2016年参加江苏省"杏坛杯"课堂教学初赛、复赛,又获得一等奖。

课题研究的坚持者——他做,故他成长

光做不思,只能重复"昨天的故事",走向平庸;光思不做,那是"口头的巨人,行动的矮子"。因此,有了想法,有了思考,还要有勇气去尝试、去实践、去做。正如苏霍姆林斯基所说:"如果你想让教师的劳动能够给教师带来乐趣,使天天上课不至于变成一种单调乏味的义务,那你就应当引导每一位教师走上从事研究这条幸福的道路上来。"

2006年8月,他调入了溧水实验小学。在这所"卧虎藏龙"的学校,他怎样才能从众多教学能手中脱颖而出呢?思之再三,也许"以研兴教",做一名"科研型教师"是一条重要途径!恰逢这时南京市教科所启动了"十一五"第一期"个人课题"的申报。他积极申报,课题"指导小学生写'数学日记'的实践研究"顺利立项。

在"指导小学生写'数学日记'的实践研究"中,他结合日常的教学工作,大胆开展让高年级学生写"数学日记"的活动。经过深入细致的实践研究,他提炼了数学日记对于学生的发展具有"心语"纽带、对话"通道"、生活"窗口"、反思"阵地"、课堂"延伸"和评价"工具"等六大功能,并结合公开课《量的计量》,展示了"数学日记"在数学教学的作用体现。他还走进南京小西湖小学做题为"数学日记:让师生在对话中共同成长"的研究经验介绍,在《南京教育科学研究》和《溧水教育》发表课题研究相关文章3篇,该课题于2007年被评为"南京市优秀个人课题"。

"好的开头是成功的一半。"在区教科室黄本荣、章明、孙南等领导的关心下,在接下来的每年6月,他都会积极申报一个"个人课题"。2007年是"建构小学数学

'简洁'课堂的实践研究",2008年是"小学数学'情景图'低效使用的现状与对策研究",2009年是"小学数学教学中引导学生主体反思的途径研究",2010年是"小学数学第二学段中渗透'数形结合'思想的策略研究",以上课题都顺利结题。

正是由于有了"个人课题"的深入研究,他撰写的论文也由对教育教学表象的关注,转向更深层次的思考;由写一些教学现象,转向更为理性的问题分析,文章的发表数量和质量也在不断进步。自第一期"个人课题"立项之后,他陆续在《江苏教育》《中小学数学》《小学数学教师》等核心期刊上发表文章六十余篇,因撰稿数量突出,被聘为2008年度《南京教育科学研究》特约通讯员。多次参加省级"师陶杯""杏坛杯""蓝天杯"论文评比并获一等奖,两次参加省级"教海探航"征文大赛获二等奖。

当然,几年坚持下来,他不仅在课题本身获得了许多教育教学的成果,而且在选题申报、调查分析、课堂实践、报告撰写、成果整理等多个关键环节积累了好的方法和经验,比如"做在平时、重在实践、边做边理"等。更重要的是,"个人课题"已经用研究的足迹串起了他成长的岁月,"问题即课题、教学即教研、成长即成果"等理念已经融入他专业成长的生命里去了。正如原南京市教科所刘永和所长说的一句话:"你一年做一个课题,十年就解决十个问题,用不了三十年,也许十三年,你就成了名副其实的教育家。"

如果说"个人课题"是教师自主的研究,那么学校的"集体课题"也有"集体课题"的优势:群策群力,才智互补,通力合作,带动一批教师成长;解决学校重大问题,支撑学校办学目标,形成学校办学特色等。

进实小不久,他便主持申报了第一个市级"十一五"规划课题——"小学数学教学中引导学生'自主反思性'学习的实践与研究"。在这个课题中,他和同事们以课堂为主阵地,探索在小学数学教学中如何开展"自主反思性"学习,总结提炼引导学生"自主反思性"学习的途径和策略。根据该课题撰写的《关注学生自主反思,促进学习过程优化》一文发表在《溧水教育》上,其中适合学生"自主反思性"学习的课堂教学结构,即"自导→自学→自问→自练→自结",引起了县内同行的积极关注。

其后,他申报并成功立项省级"十一五"规划重点课题"小学数学教学中教师'低效提问'的调查与对策研究"。在这项研究中,他和他的同事们化整为零,细化为若干子课题,使研究变为真行动;行为跟进,调查了当前小学数学教师课堂提问的现状,由此对课堂提问存在的问题进行归因分析,提炼出改善数学教师"低效提问"的一般策略。2008年他受邀参加"长三角城市群"教科研大会,并做题为"关注课堂提问,构建有效引导"的主题汇报,得到了顾泠沅教授的高度肯定。

通过该课题研究,形成了一批重要成果:《小学数学教学中教师"低效提问"的调查》一文,发表在《上海教育科研》;课题组举行的"如何提高小学数学课堂提问有效性"沙龙,形成纪要,发表在《教育研究与评论》和《新科教》上;撰写的《课堂提问:从经验走向科学》一文,获得多个省级大奖。

目前,该课题已经结题,受到专家好评。课题结题鉴定组专家意见如是说:

该课题选取教育改革的重中之重——课堂教学改革——为研究领域,站在课改理念和实践的前沿,以"低效提问"的表现为切入点,以"高效课堂"为研究指向,以调查、反思、总结为基本路径,做到了有理(科学的理论支撑)、有据(深入的调查数据与实践探索)、有序(递进的研究程序)。

课题结题后,他又积极申报立项了另一个省级"十一五"规划重点课题"基于核心问题的小学数学课堂改革的实践研究"。在原溧水区实验小学副校长、现区教研室吴义明主任的指导下,他们总结了核心问题及问题串具备以下特点:① 少而精(一问能抵许多问);② 结构化(几个问题,互有联系,层层递进);③ 挑战性(学生需要跳一跳);④ 关键性(牵一发而动全身,一拎百顺,纲举目张);⑤ 开放度(不同的学生都能有所思考与发展)。目前,本课题的相关研究成果获得南京市基础教育科学成果奖一等奖,出版个人教学专著《小学数学教学问题与对策》。

通过集体课题的研究,课题组有三位老师评上市优秀青年教师,两位老师评上县优秀青年教师,多人被评上教坛新秀,六人次参加县级、市级、省级教学比赛获得一等奖。他也先后被评为"区教育科研先进个人""溧水县优秀青年教师""南京市优秀青年教师""江苏省优秀青年教师"。2010年,他和同事三人组队参加全国网络教研团队竞赛,获得全国一等奖。

2016年8月,通过大半年的评选,他也顺利获得"南京市小学数学学科带头人"称号,并被评为"江苏省优秀教育工作者"。

人生梦想的追寻者——幸福，感恩，坚持

追寻幸福，是因为对教师工作的热爱；

追寻幸福，是因为对专业成长的期待；

追寻幸福，是因为对课题研究的深入；

追寻幸福，需要加强理论学习，提升自身素养；

追寻幸福，需要扎根课堂教学，投身教育科研……

吴存明老师在多个场合说过："知识无止境，育人无尽头。只要和学生在一起，就会浑身是劲儿；给学生上课、和老师们交流，对我而言都是一种享受。感谢所有曾经帮助过我的人，能得到大家的帮助是快乐的、幸福的。"同时，他也记得，他也要发挥自己的能量，不断地去帮助孩子们和同事们，促进他们的成长。

于是，作为一线教师的他把全部精力都倾注在学生身上。十八年来，他一直用博大、无私的爱去滋润孩子们的心田。在他教的班级里，无论学习优劣，还是家境贫富，他都一视同仁。2014年，他摔伤了，右脚不能着地行走，为了毕业班的孩子不能落下学业，为了早已安排好的学期安排得以落实，他没有请一天病假，每天骑着电瓶车，车上绑着拐，来上下班，每天撑着拐上下4楼。

于是，作为学校中层的他协同教导处的同事们，自觉运用科学、民主的方法创造性开展教育管理和服务工作，尽心尽力去统筹策划学校的教学、教研事务，开展一系列的教学改革，促成溧水实小绿色、全面、全程的教育质量，在学校教导管理、课程育人等方面取得显著成绩。

于是，作为一名特优教师的他指导青年教师做教学研究。经学校"师徒结对"安排，有计划地指导十几位学校的青年教师，她们在思想素质、业务水平和教学能力等方面均取得显著进步，能在市级及以上范围开设公开课、研究课或讲座并获得好评。许多兄弟学校的青年教师遇上教学的难题，也纷纷来向他请求"支援"，或指导磨课、或点评课例、或亲身示范……

于是，不怕吃苦的他承担起区教师进修学校安排的教师网络培训和新入职教师导师工作，每周工作都排得满满的，经常忙到很晚，虽辛苦但快乐着。2017年，吴存明老师又光荣地承担了溧水区乡村小学数学教师培育站的工作，带领六十几

位学员践行"让学"课堂,在市内乃至省内产生了积极的影响,获评江苏省优秀培育站。

于是,心中有大爱的他向学校和教育局提出支教的申请,前往洪泽县三河镇中心小学、西藏墨竹工卡南京实验小学、溧水区东庐小学进行支教,让更多的孩子直接上到他的优质教学课,让更多的教师能够领会教学的技术与艺术,更好地为当地孩子服务。

于是,……

天道酬勤,厚德载物。

正如中科院心理研究所张梅玲教授所说的:"每个人都应该有梦,梦在每个人心里,掌握在每个人手中,我们每个人应该写自己的书,走自己的路,做最好的自己。有所追求,就要有所舍弃,选择坚守,就要享受孤独……"

相信吴存明老师更加努力、更加自信地投入工作,进一步弘扬斯霞教育思想和精神,进一步做到"有理想信念、有道德情操、有扎实学识、有仁爱之心",拓展自己人生的宽度,在行知路上继续前行,为教育事业再立新功!

【从教感言】

> 好的教学不是告诉,而是通过任务、问题、评价激活学生,点燃学习,让学生成为主人,让学习深度发生,让学力得以生长!

星辰大海皆是你
——记莎车县第五小学吴红英老师

顾钰烨

【校友名片】

吴红英，2002年6月毕业于南京晓庄学院小学教育专业（文科），现任莎车县第五小学数学老师。

参加市教师能手大赛获二等奖；参加浦莎杯课堂大赛获一等奖；所写论文多次获得省区市奖项；所带学生多次获省级各类奖项；先后荣获莎车县"四好教师""教学能手""骨干教师""教研兴校先进个人"等称号。

初心：积蓄爱的资本

吴老师说当初选择师范专业是由于她在上中学时，记得当时的历史教材里面讲到了我国的很多教育学家，吴老师对陶行知先生记忆最深刻，于是在后来填报师范志愿的时候，就填报了南京晓庄学院的师范专业，吴老师如今回想，觉得很幸运来到了陶行知先生创办的学校。

当年吴老师去晓庄求学的时候还是十三四岁的孩子，在那里她长了见识。陶行知先生的教育理念润物细无声地流淌在了她这个师范生的血液里，老师的关爱和引领刻在骨子里,在她的职业生涯里一直都以陶行知先生的"带着一颗心来,不带半根草去"的教学标准来要求自己。这些年的从教生活,让她对这句话的理解更加深刻,虽说是带着"一颗心",但吴老师觉得那是由许多颗心汇成的一颗大心,这颗大心时刻包括"从教的初心,教育教学的耐心,教好学生的决心,对待教育的智慧心……"只有带着一颗博大的心,才能践行好陶行知先生的"千教万教,教人求真;千学万学,学做真人",也才能做到"一切为了孩子,为了孩子的一切"。

2022年是吴老师工作的第18个年头,毕业之后,她便毅然决然地离开繁华的大城市南京,选择回到自己的家乡新疆,为家乡的教育事业做出贡献。2004年,吴老师在新疆伊犁昭苏县顺利找到工作,在夏特乡中心小学任教小学数学老师,做了4年的乡村教师。2008年,由于工作表现出色,吴老师被调到喀什的县城,仍然担任莎车县第五小学的数学教师,脚踏实地,勤勤恳恳地坚持在教育的第一线,工作至今。

从东南发达的大城市南京回到西北的自然世界新疆,从北疆美丽的塞外小江南伊犁州跑到南疆处处是戈壁大漠的喀什。吴老师,您便是那"触手可及"的星辰大海!

打磨:将大爱传播人间

由于是回到了家乡新疆工作,吴老师所在的地方少数民族学生偏多,基本上一个班三分之二都是少数民族学生,尤其是在十几年前,很多孩子不会讲普通话。吴老师说他们很多时候都听不懂自己说什么,自己也听不懂他们说什么,每次上课都很吃力,课堂气氛沉闷,更不要说什么灵动感、互动感了。为了克服这样的困难,培养孩子们的表达能力,她根据实际情况制定了一套独属于自己的教学方式:

1. 每节课前都要自己动手准备很多的教具(那时多媒体教学还没怎么推广),主要以直观教学为主。

2. 培养小翻译,从认真倾听入手,再到慢慢学会表达。

3. 课前5分钟,让孩子们说说你开心的事或是不开心的事或讲个小故事(不论说得好不好,主要是让孩子们能大胆地张嘴说)。

4. 课堂上每个关键句,都要重复很多遍,让孩子们跟我多读几遍,再写一写关键词。

5. 很多时候练习课都成了说话课，有看图说话课，有选择你喜欢的算式说三句话。

6. 带孩子们到室外上数学课，融进生活心情愉悦有利于语言表达能力的培养。

7. 通过一系列的活动和措施（游戏、动手操作、小组交流、上台发言等）尽可能在教学的同时花更多的时间培养孩子们的表达能力。

随着时间的推移，吴老师班上的孩子表达能力得到显著的提升，尤其是在公开课活动中得到极大的好评，活跃的课堂气氛、清晰的逻辑、较好的语言表达……都让吴老师的课大放异彩！经过了多年的实践与研究，吴老师成功发表了论文《培养小学数学表达能力的探索》，再加上这些年幼小衔接教育的提升，班里少数民族孩子的语言表达整体有了很大的提升，他们开朗，活泼，爱学习，爱思考，积极上进，有礼貌，能积极表达自己的观点，能和老师同学融到一起，不分彼此共同进步。

在专业发展上，一些特殊的事件对吴老师反思自己的工作产生很大的影响，譬如某个问题儿童，或者某次家校沟通，一节公共课，一次培训，在她的从教生涯中便曾有这样的关键事件及令人印象深刻的经历。2011年是她工作的第7个年头，通过层层选拔她到市里参加"小学数学教学能手大赛"，本来满怀信心，可是比赛的结果并不是特别理想。课后反思查找自身的原因，觉得还是自己对课改的认识不够到位，专业知识不够扎实……从那之后，她就主动拜师学艺，自己在网上看优秀的教学视频，边看边做笔记，读有关教育教学方面的书刊并收集优秀的教学案例，每节课都像上公开课一样对待，课后及时写反思，积极参加教研活动，上公开课、示范课。

功成：炽热的心与时代同行

在多年如一日的努力认真工作下，功夫不负有心人，吴老师已然成为县骨干教师、学科带头人，先后荣获莎车县"四好教师""教学能手""骨干教师""教研兴校先进个人"等称号。

社会在不断进步，教育也在与时俱进，吴老师着重强调了作为一名小学教师，在新时期必须要具备的最核心的素养是"真"。

1. 老师真的教学生求真。

2. 老师课堂真的以学生为主。

3. 老师真的在研究教材。

4. 老师真的在培养学生的思维能力、动手能力……而不只是解题能力。

最后,在这个新时期,吴老师摸索出了自己的教育理念,如今她都还记得陶行知先生的"三颗糖的故事",她觉得小学教育首要的是"德",教师一定是要让学生养成良好的行为习惯,行为习惯养好了,良好班风自然就形成了,班风好了才能谈培养学习能力。

清晨,迎着五彩缤纷的朝霞走进校园;傍晚,伴着落日的美丽余晖离开学校——这是吴红英老师一日又一日的工作写真。金秋九月,她张开怀抱,迎来一个个天真烂漫的小朋友;盛夏六月,她挥挥双手,微笑着送别一个个步入中学的翩翩少年郎。吴老师说她将不忘初心,努力把爱带给每一个孩子,为此甘愿奋斗一辈子。

【采写心得】

> 吴红英老师从教18年,始终牢记晓庄"教学做合一"的校训,秉持"千教万教,教人求真;千学万学,学做真人"的原则,学习陶行知先生"捧着一颗心来,不带半根草去"的精神。以求真务实的作风认真工作,以一颗真挚博爱的心灵献身教育,吴老师为一代又一代活泼可爱的孩子们铺好学习的基石,给他们的童年生活添上了浓墨重彩的一笔!

晓庄精神永难忘,桂花盛开在边疆
——记伊宁县喀什镇中心小学赵桂花老师

王中岩

【校友名片】

赵桂花,2002年毕业于南京晓庄学院小学教育专业,现在新疆伊宁县喀什镇中心小学担任教师。曾获第六届全国教师教学设计创意大赛二等奖,本校教师"两笔字"比赛第一名,教学"巾帼标兵"荣誉称号,2003年被选为县级人大代表。

晓庄的种子永埋心中——回忆选择师范专业的初心

在赵桂花老师眼中,她只是一位平凡的人民教师,自从2002年毕业于南京晓庄学院后,一直坚守初心,牢记晓庄精神,坚守在教育一线,将爱的种子播撒在需要它的土地上。在赵老师上中学时,她便被她数学老师坚定的教育信念与高尚的教育情怀深深影响着,赵桂花老师当时暗下决心,她也要当一名这样的老师。在赵桂花老师的努力下,她终于考上了梦寐以求的南京晓庄学院。从教多年间,她将晓庄精神深深刻在自己的脑海。

在赵老师第一次为学生上课前,由于经验的不足,她偷偷地背诵前辈优秀的教案。为了创建更高效的课堂,赵老师将她的教案推翻了十几次。赵老师到不同的班级试讲,放学后她在教室摆好桌椅,对着桌椅反复琢磨自己的每句话语、每个动作、每个眼神。在赵老师的不懈努力下,学生们的状态由学习兴趣不足转变为学习热情高涨。但也并非一帆风顺,赵老师也遇到许多挫折,每当她自我怀疑之时,她都会反复确认自己当初报考师范院校的初衷。用南京晓庄学院的校训告诫她自己：永远不要忘记初心、你是真正的"桂花"就一定要在边疆盛开！是的，赵老师她做到了，她将晓庄的"种子"永远埋心中，等待它"发芽"、"开花"。

读师范时，赵老师在幕府山庄小学进行炳人识字法实验教学，在没有工资报酬的情况下，工作了大概2年。为了进一步提高教学能力，赵老师在南京金陵翻译社学习英语，在口语课的演讲中，也经常被评为一周之星。有的学生家庭困难，赵老师会给学生买学习用品。哪位学生考试有进步，她也会自己买奖品鼓励学生。学习上有困难的学生，赵老师会主动去学生家里给学生辅导功课。在学校组织的"三进两联一交友"活动中，赵老师和哈萨克族的学生成了亲戚，学生家里经济条件差，赵老师就经常在看亲戚时买点好吃的，带上学习工具书。他们家里的人见到赵老师时，心里热乎乎的，总有说不完的话，每次进门，哈依丹的妈妈都会端来热气腾腾的奶茶让她喝，她的爸爸则会用不太熟悉的汉语唱起《北京的金山上》这首歌。大家拍着手，感受着中华各民族一家亲的幸福。虽然这些种种没有收获金钱的回报，但这些让赵老师的精神更加富足。赵老师本是一位不爱打扮的教师，但她更愿用晓庄精神将自己装扮得光鲜亮丽，使她这朵"桂花"永远盛开在边疆之地。

晓庄精神在教育中发芽——讲述赵老师与学生间的故事

晓庄精神具有丰富的内涵，可概括为彻底改革、只争朝夕、完全献身、伟大创造、非凡乐观等精神。2003年，也就是赵老师从晓庄毕业的第二年，她进入了伊宁县六中任教，担任了一年的学前班教师。对于刚刚毕业的赵老师来说这一切都是陌生的。虽然在读师范的时候，有过两年的实习教学经验，但正式走入学前班的那一刻，赵老师的心情依然久久不能平静。面对学前班孩子的年龄特点及思维发展水平，赵老师发现了问题，这群孩子无法静心听课。这时赵老师就会平复自己的心情，回顾在晓庄的所学和积累，遵循"教学做合一"的原则，寻找合适的方法提高孩子们的学习兴趣。

世上无难事，只怕有心人，赵老师发现学生们在听故事时不专注，自己翻书时也只喜欢看书里彩色的插图，每次翻开书的时候都在发呆或者是和其他同学聊天，完全没有好好听讲故事。在开始时，赵老师对于这个问题很是苦恼，不知道该如何提升同学们的兴趣,在不懈的摸索中,赵老师逐渐发现只要把故事讲得生动有趣,同学们的注意力也会在这个过程中得以提高。他们会想知道后来小红帽有没有被大灰狼吃掉,王子是否能够吻醒公主,每次都缠着赵老师讲故事给他们听。后来赵老师只讲一半故事,结局部分就打印出充满彩色插图和汉语拼音与文字的图片发给他们,希望可以从现在开始启迪他们的审美。有时,赵老师会翻开迪士尼的图片给他们看,告诉他们这就是米奇和唐老鸭居住的地方,循序诱导问学生们想不想知道迪士尼里面是什么样子,并告诉他们这一切都在书里,只要看了就知道了,后来同学们慢慢学着自己翻开书阅读,这样做会从最大限度上激发学生翻看书本的兴趣。在赵老师的引导下,同学们会和她讨论书中情节,说出自己最喜欢的角色并阐述原因,赵老师相信每当他们偶尔在脑海中想到某个角色,那些模糊的故事就又在脑子里加深一遍,对于学前班的学生来说,这真是个好办法!就这样,学前班的学生们看的故事越来越多。赵老师看到了他们的进步,也欣喜于他们取得的成绩,她也自信地认为她还是能够将晓庄精神运用在教育当中的,赵老师认为自己的确可以成为一名真正的教师了。

随着赵老师优异的工作表现与晓庄理念在教育中的运用,她的工作逐渐被更多人认可。她开展的炳人识字法观摩课程活动,吸引了学校的众多领导以及教师,赵老师认为她的工作是有意义的,晓庄精神使她与同学间的关系越来越近。

用晓庄精神诉说教师核心素养

南京晓庄学院的校训即"教学做合一",在 21 世纪的今天,"教学做合一"仍然具有先进的理念指导意义。尤其是南京晓庄学院在这一理念背景下,衍生出了晓庄自己独特先进的精神内涵。

赵老师认为新时期应该具备的核心素养与晓庄精神的内涵息息相关,践行晓庄精神,要学会做实事。做是"教学做合一"的中心,充分发挥自主性,培养创新精神和实践能力,在实践中求知,在实际生活中探索真理。赵老师相信学习是最重要的事之一,因此教师要学会学习,培养学习能力,掌握教学的手段,学会将知识付诸实践,以适应不断变化的社会现实;践行晓庄精神,展现核心素养。人是陶行知教育思想的终极关怀,学问和人品并重,能力与素质全面发展,这不仅是校训对教师的要求,也是时代对教师的要求。教师的目标是要追求真理,做真人,做知行统一的人,真正地实现人生为一大事来,做一大事去。因此,新时期的教师不仅要会教书,还要会育人。不忘初心,将"教学做合一"的校训精神作为导引,以弘扬行知先生的教育思想为己任,以培养知行统一、"手脑相长"、具有创新精神和实践能力的新人为目标,在此基础上教好书、育好人。

生活即教育,社会即学校。实践课堂上,赵老师也常常自我提问,她该以什么样的方式与同学们相处?又能让同学们从她这里收获些什么?赵老师决定以身作则,她给自己规定,每次上课无论情绪好坏,都要以微笑面对孩子,让孩子感受到发自内心的关怀与帮助。赵老师同时也是一名母亲,但很多时候不得不先放下自己的孩子,赵老师始终在实践中诉说她作为一名人民教师的核心素养,以实际行动践行晓庄精神。

【采写心得】

从教多年来,赵老师始终牢记陶行知先生"捧着一颗心来,不带半根草去"的谆谆教诲,赵老师认为作为一名人民教师践行晓庄精神甘于奉献、敢于创新、不断进取具有必要意义。她愿用清贫的物质换取富足的精神,用岁月的更迭培养一代又一代的社会接班人。赵老师永记晓庄精神,使自己在边疆绽放,如同夸父逐日永不言累、弓箭离弦永不反悔!

师德在心，大爱无疆
——记新疆伊宁市第二十五小学周丽艳老师

薛咏杰

【校友名片】

周丽艳，2002年6月毕业于南京晓庄学院小学教育专业（文科），现任新疆伊宁市第二十五小学语文老师兼班主任。

相约多次，我终于与周老师取得联系，得知我的来意后，周老师觉得很荣幸能参与《行知路上陶花开》的编写，而我们的活动能够得到周老师的支持更是锦上添花。即使是第一次交谈，我也能感受到周老师言语中的温柔与慈爱，令我非常动容。

母校的恩泽广袤大地

在周老师的人生道路上有许多让她难忘的事情，善良让她懂得感恩，大度让她选择宽恕，迷茫有人为她指引方向。她很庆幸来到了南京晓庄学院就读，是母校打开了她一生中重要的大门，也改变了她一贯不爱言语的性格。踏入母校一切都是那么新奇，这里将会带给她怎么样的期待？回首过去，也许会忘掉诸多往事，但印象深刻的老师有很多，细想一下，她的班主任陆建国是体育老师，男老师心都比较大，做事虽没有女老师细腻，但经常嘘寒问暖关心她们的生活，有要解决的事情他定会全力帮助大家。数学老师李娟娟年轻漂亮。李老师有一头漂亮的头发,乌黑油亮,又浓又密,皮肤白皙,笑起来嘴角弯弯的,还不时眨着眼睛。每当给她们上数学课时,午后的阳光射到她的脸上,使她的两颊更加红润;她拿着粉笔将一道道数学题用巧妙的方法来解决,晶亮的眸子缓慢游动着,嘴里不时地问着:"这样讲你们听懂了吗?"在她的引领下她们的数学成绩有很大进步。有一些老师虽然不教她们,但是她们的一举一动都在影响着她。每天早晨大家匆忙前往食堂的时候,有一位 50 岁左右的女老师已经在学校的操场上长跑结束。她风雨无阻,即使刮风下雨都保护好自己坚持跑步。50 岁左右的年龄在她脸上没有留下多少痕迹,留下的只有健康的体魄。周老师非常佩服她,在她的身上学到了坚持不懈的精神。一位白发苍苍的音乐老师,身穿靓丽的衣衫,迈着轻盈的步伐,开怀的笑声让她难以忘怀。在她的身上看不见什么叫忧伤,只看见优雅的身姿,听见优美的歌声,想到美好的生活。母校的老师各有特点,他们的一点一滴都让她成长,也引领她在教育事业中兢兢业业,满怀希望教育好下一代。

信念与毅力催人奋进

选择师范专业的初衷源于小时候的愿望。记得有一次语文老师问她们:"长大你们想做什么?"很多同学的答案都不尽相同,她当时在班里不善言语,老师叫到她时她有些紧张地说道:"长大后我想当一名老师"。语文老师笑眯眯地点点头,给了她一份坚持前行的动力。

第一次站上讲台就面临如何在那么多孩子面前讲好一堂完整的课。教师不是一份清闲的工作,教师这份职业承载着祖国未来的希望。怎么处理学生之间的矛盾,如何让学生喜欢上你的课,这都需要课前精心的准备。备课、调查分析学情、课堂把控、设置作业、反思总结,每一个环节都要提前做好。最具挑战性的就是公开课的比赛,赛前都要做好充分的准备,备课的模式也不一样。每天回家第一件事就是对着镜子上课,练习表情、动作以及过渡语。让自己在众人面前能够轻松自然,也让孩子们能从中学到些什么。名师们的成功经历她无法复制,但他们身上所具备的共同精神是可以借鉴的。比如坚持,刚开始工作时坚持用纸笔写详案、批注,"一辈子磨一课"的坚韧和执着不仅要她们为之钦佩,更是要将这份坚持践行起来。

长江后浪推前浪,把基本功(备课等)做扎实,她们也能找到属于自己的教学风格,形成她们的好的课堂,闯出自己的一片天。但有时说起来容易做起来却很难,总是会让这样那样的事情把坚持的事情中断,有时惰性会让自己找不到方向。所以现在自律成了她最具挑战性的事情。

蜡烛的光芒照耀学生

自当老师起她就是一位名副其实的班主任,从没有经验摸着石头过河到一些宝贵经验的交流已足足20年的时间。回首过往,一批批历历在目的学生有的长大成人,有的在不断积累知识准备更高的航行,还有的就是在她身边正在茁壮成长。想想与学生之间的故事真的是太多了,无须言过往,就论如今现状。苏霍姆林斯基曾说过:"一个好教师意味着什么?首先意味着他热爱孩子,感到跟孩子交往是一种乐趣,相信每个孩子都能成为一个好人,善于跟他们交朋友,关心孩子的快乐和悲伤,了解学生的心灵,时刻都不忘记自己也曾是个孩子。"大爱无痕,润物细无声,教育无处不在,老师的一个微笑、一个和蔼的眼神、一个爱抚的动作、一句关心的话语,都会给学生带来欢乐、带来智慧,她现在教四年级的学生,每天处理着学校大大小小的事情,每天都在考虑如何让每个学生不掉队,让每个学生都有好的发展。可是人生的道路总不是一帆风顺的,总会有一些磕磕绊绊的事情牵绊着你的思绪。每个班都有一些调皮的学生,这些学生经常在班里制造麻烦,给她添了不少麻烦,因为这些麻烦总会让她花去大量的时间和精力去解决,如果教育不了这些"调皮"学生,对于班风、学风的正能量将产生极大的影响,还可能造成师生之间,家长与她之间的矛盾和冲突。现如今四年级6班马洪霖就是一个棘手的小家伙,他成绩中下,上课想听讲的时候积极回答问题,不听讲的时候就会影响其他人学习,平时作业写得脏乱差。下课没有人理会他的时候他就会与他人动手动脚,别人不理他的时候他会继续招惹,嘴里还不停地说一些刺激别人的话语,引起别人的注意,想融入其他人的圈子,有时惹怒别人就会动手打架,因此没有什么朋友。他是个比较可怜的孩子,从小爸爸妈妈就不管他,留给年迈的爷爷奶奶,爷爷、奶奶很宠爱自己的孙子,尤其是爷爷,孩子要什么他就背着奶奶给他买东西,什么都依着他。所以在家总是以自我为中心,找机会满足自己,在学校不如意就开始与他人发生冲突。爷爷、奶奶教育方式不当就会找学校的麻烦,让懵懂的马洪霖还沾沾自喜。这烫手的山芋必须解决,怎么解决?如何解决?首先去家访。她怀着忐忑的心情来到他家,家里收拾得很干净,他奶奶虽然年龄大了点但看上去很利落。爷爷有肾病,每天都要做透析。家里虽不富裕但看上去很温馨。与奶奶促膝长谈,也为孩子的将来考虑,想让孩子将来有出息,她告诉他们:"孩子不能永远在你们的翅膀下隐藏着,总有一天他要展翅飞翔。孩子还小,你们要给孩子规划好将来的路。你不能一直陪伴着铺好,但咱们却可以指引他走向美好的生活。"奶奶通常理,也对这次的谈话有一个很深的思考。从中周老师也知道马洪霖是个有孝心的孩子。他不知道如何与他人交流,咱们可以教他。他不知道如何解决人与人之间的矛盾,咱们可以引导他。其次,给予他在班里做事的机会,帮助他做一些力所能及的事情。给他表现的机会,提高他的自信心,让他感恩的心发挥到教室的每一处,让其他学生改变对他的看法。最后,给予她的爱心感化他。每当他表现好的时候,她会发个小礼物给他,让他明白做事积极的好处。有时她会私下送给他她家孩子穿小的衣服,让他知道帮助班里做事老师也会重视他。总之,调皮学生行为的形成不是短期造成的,他容易反复所以她要有耐心,要更加叨念他的优点,看到他的进步和他善良的本质,让自己像妈妈一样关心着他,相信在小学生涯会给他留下深刻的印象。孩子需要信任。只要你有耐心对待每一位学生,经常找他们谈话,对出现的问题进行专门辅导,经过一段时间之后,你就会发现原来他也是一名可爱的孩子,从马洪霖的身上,她明白了一个道理:每一个孩子就是一本书,需要她们用心去读懂。无论一个学生怎么样,只有坚持"以人为本",用心呵护他们成长过程的每一步,他(她)都将会给你一个惊喜。

与时俱进培养时代新人

在她教学20年期间,学生和家长的期望越来越高,要求也越来越多。因此,作为新时代的教师,应该改变教师传统的角色,以适应新世纪的挑战。教师不应该是知识的简单传授者,而应该成为学习的激发者和辅导者,把教书和育人二者很好地结合。不要在从事教学的过程中忽视育人这一重任。同时在教学的过程中,要特别重视情感教育。教师还应具有活力,知识渊博而不浮夸。在日常生活中,教师也可以通过自己的仪表、服饰来影响学生的审美情趣。教师是一个能够深刻影响学生成长的角色。所以每一个担任这个角色的人都应该尽到自己的责任,不仅仅要教给学生知识,而且还应该引导他们做人,关爱他们的成长,以自己的一言一行影响他们,使他们形成一种正确的人生价值观。这才是教师最应该做的事,是教师的职责所在!

古人云:学贵心悟,守旧无功。现如今是科技发展的时代,信息化时代给人们带来了前所未有的知识,所以不能裹足不前。现在的教育方法重视学生全面发展。课堂教学中注重以学生为主,让学生从被动的学习知识到主动积极地去思考。在教学方式中创设情境教给学生方法,从一篇文章到多篇文章都学会运用其中。无论哪一种教学方式都是让学生有兴趣学习知识,而教师则是要帮助学生拓宽视野、体验生活、搜集资源,引导学生共同完成学习过程,让学生在开放的情境中体验知识的博大、自然。

2014年4月,她与同伴一起来到了美丽的杭州,参加了"千课万人"全国小学语文教师"五力修炼"高峰论坛暨成长课堂研讨观摩课,带着无限的期待走进了"千课万人"的会场,四天的听课让她学到了很多,恨不得把学到的知识马上带回学校,开启新的教育理念。这次活动,让她隐隐地看到语文教学应返璞归真,让学生受到中国传统文化的熏陶,感受传统文化的魅力。她从中领略了大师的风采,名师的课就是一场心灵的旅程——王崧舟老师和窦桂梅老师的课再一次让她知道文化的底蕴和深厚。名师就是下最深的功夫研究,用最浅显、最简洁的语言表达研究成果的人。她觉得,大师他们的课总是百听不厌,即使同样的课再听一遍,也会津津乐道。当时她还请周一向老师为她签名并留下了最深刻的话语。"生本课堂就是以学生为本的课堂,具体地说就是依靠自主学习,激发主动学习,以实现学生的学习和发展的课堂。"

在她与年轻人或者其他行业的人交流时,教师这个职业很难进入年轻人的视线,一般是没有办法才会选择。她身边就有这样的年轻人,毕业后在外地或者在其他领域尝试做不同的工作,有时觉得没有发展前途了,家人或朋友才会劝说考教师。当然以现在的政策来看国家重视教育,教师的入职条件越来越高,她认为选择教师这个职业,肯定是要长线持有,所以不能看短期的表现。教师职业的发展有两条路,一条是教育行政,一条是教学教研,前者压力大,后者要耐得住寂寞,还要持续深耕。如果选定了这个职业，就要问心无愧地去教好每一位学生，要有乐教的心态面对自己的职业生涯。

陶行知先生说的"捧着一颗心来，不带半根草去"正是教师无私奉献的典范。正是这句话一直在她的教育生涯中引领她，晓庄教会了她"爱的教育"。

教师的核心素养是师德。师德主要从教师的人格特征中显示出来，历代的教育家提出的"为人师表""以身作则""循循善诱""诲人不倦""躬行实践"等，既是师德的规范，又是教师良好人格特征的体现。

为适应这个时代的变化，她要努力改变，作为老师必须要加快学习的节奏：多读教育专著，提升理论素养；多关注教育方面的信息，跟上教育潮流；多读经典作品，增强自身的文化底蕴。成为新教育实践中的"有心人"，要及时地记录教育现象，记录自己的感受，记录自己的思考等。因为，她更加真切地感受到：这成功的背后靠的不仅是智慧，更要靠努力和不懈的追求。

小学教师的教育是激发学生学习兴趣、引导学生专注学习，进而培养学生正确的学习观和学习习惯，在打好基础的前提下，为初中进一步学习做好准备。小学教师专业发展还应关注学生的心理成长和行为习惯的培养。

寄言晓庄学子感恩母校教诲

回顾过往，无比自豪；展望未来，充满生机。教师是智慧的启蒙者，是幸福的引路人。怀念母校，她们因有母校而骄傲；感谢母校，愿母校因她们而自豪。愿母校的明天更加美好辉煌！

希望在你们的教育事业中用心走好每一步，认真对待自己的工作，做最好的自己。你的态度决定你的高度，你的坚持成就你的未来。为自己的教育事业绘制一幅蓝图，重视自己前五年的规划。在五年里坚持写日记，将自己的教育心得写在日记里，也可以写一写自己与学生的故事。确定读书计划，树立终生学习的理念，阅读专业书籍汲取专业的知识，你的高度与他人就不一样了。发挥自己的长处并多向他人虚心请教。

用发展的眼光来看待学生。士别三日，当刮目相看，确切地反映了这样一种动态的眼光。发展意味着变化，学生作为一个发展的个体，其变化是永恒的。学生潜在的能力是无限的,正如有人所说,学生的潜能是气体,你给他多大空间,他就有多大的体积。在教育教学过程中,应该用发展的眼光看待学生,不能以静态、更不能以眼前学生成绩作为评价学生的唯一标准。教育是一棵树动摇另一棵树,一朵云推动另一朵云,一个灵魂唤醒另一个灵魂。教师应该静待花开,用发展的眼光看待学生,静静陪伴他们成长。

【采写心得】

周老师从教20多年,仍然兢兢业业,始终牢记母校的谆谆教诲,并用以培养下一代新时代青年学子,我深感敬佩。周老师不仅把自己当作一名老师,更把自己当作学生们的母亲,对孩子们的关怀无微不至,真诚地指引孩子们走好成长的每一步。这种诲人不倦,亦师亦友的优良作风永远值得我们歌颂!

匠德·匠心·匠艺

陶敏萃

【校友名片】

陶敏萃，2007年6月毕业于南京晓庄学院小学教育专业（语文方向），中共党员，现任江阴高新区山观实验小学德育处副主任。江阴市沈晔名师工作室成员，中小学一级教师。

曾被评为"江阴市优秀班主任""江阴市班主任工作新秀""江阴市优秀家庭教育指导者""江阴市优秀少先队辅导员""高新区优秀教育工作者"和"高新区优秀教师义工"等。撰写的多篇论文获各级各类奖项，曾获江阴市教师技能大赛二等奖，江阴市"小学语文整本书阅读优课评比"二等奖，在"一师一优课、一课一名师"活动中所授课被评为江阴市优课。所教班级曾获江阴市"先进学生集体"称号，全国特色班集体建设评选三等奖，指导的少先队活动被评为全国"少先队基本知识学习实践好活动"等，所教学生被授予"江阴市追梦好少年""无锡市追梦好少年"和"江苏好少年"等称号。

从南京晓庄学院毕业参加工作以来，我一直都以中国当代教育家、晓庄创始人陶行知校长那句名言"捧着一颗心来，不带半根草去"激励自己。我爱岗敬业、严谨踏实，坚守一份平淡，坚持一份简单，秉持一颗初心，做最真实的自己。

精耕细作守匠德

2009年,我积极响应号召,参加了江苏省"千校万师支援农村教育工程"的活动,在徐州市睢宁县官山镇官山中心小学,开始了为期一学期的支教生活。在远离家人、朋友和同事的支教日子里,面对语言沟通困难、工作压力巨大、生活条件艰苦等多方面的困难,我始终以高度负责的主人翁精神,认真努力,辛勤付出。一学期的支教经历,让我对于"教育需要爱"有了更深的理解,成长也因这段充实的生活而更加精彩缤纷。

工作十多年来,我一直担任着班主任工作。不同的时期,学生的心理发展、自我意识和独立意识各不相同,因此,很多时候我的身份不仅仅是老师,有时更像一位知心的大姐姐。

2011年9月,是我第一次教一年级的学生。"浩楠宝宝"是这个班最出名的人物,与他白净、惹人怜爱模样相对立的是他无尽闹腾、令人抓狂的模子。鉴于那时几乎每天都要和他"斗智斗勇",于是从2012年2月开始到2013年8月,我在个人的QQ空间里写了28篇关于这个孩子在学校里发生的一些事儿,记录下我和他一起成长的"爱恨情愁"。我节选了其中一篇与大家一同分享。

浩楠今日很HOLD住

2012年10月31日

浩楠宝宝,我今天突然有点心疼你了,"日久生情"了吗?

话说浩楠今晚一如既往留下来完成作业,他的奶奶进来一看作业没完成,随即开始碎碎念了……诸如:你还有多少作业呀,我怎么总是接不到你呀,快点快点快点……我反正在批作业,自动过滤干扰!然后老人家又一看浩楠外套没穿,顿时"宝贝"劲上来了,就要帮他穿起来(说实话,这个孩子老喜欢把外套脱掉,我帮他穿了,一转眼趁我不注意又脱掉了)。一边穿呢还一边带着一丝丝嗔怪在念叨:教室里不知道冷啊,又要咳嗽了,叫你多穿点……

其实今天浩楠只有一点点作业,但是老人家又要帮他穿衣服,浩楠写不了字了,加上他又不想穿,就扭来扭去。他的奶奶一看就开始怒了,动什么动呀,你还写不好,我还要回家晒萝卜呢!又没人帮我的,都是我的"生活"哇。(关于这个晒萝卜,我一连听了几遍都是"晒"……不知道是我缺乏常识还是如何,傍晚是晒萝卜的时候吗?)

老人家估计今天有什么不顺心的事情吧,说完以萝卜为主题而衍生的若干事情后,看见浩楠还没写完,就说,别写了,带回家写吧。不想今天浩楠很HOLD住啊,也许是记住我上星期五和他说的话了,果敢回答他的奶奶:"不行的!"我听了,小感欣慰呀～～～但是他这样的回答无疑是和奶奶对着干,老人家就怒了:"那你要写到什么时候,家里谁都不愿意来接你了,真叫是我的孙子呢,不然我也不想来……"此处省略若干字,老人家是越说越激动,结果浩楠宝宝来了句更给力的话:"你走,不要你来接!"声音是那么铿锵有力,甚至可以说是掷地有声。

我一听,浩楠宝宝的倔脾气上来了呀,而且对长辈没礼貌了,刚想说他两句,但老人家以迅雷不及掩耳之势就上演简单暴力了。虽然老人家的举动,让我觉得倒是一解长久以来浩楠带给我的小郁闷了,但就在我抬头,目光对上浩楠那明晃晃带点小无辜的眼眸时,这个相同的瞬间,我的心疼感竟超过了解气的快感。带着这有点不可思议的复杂情绪,我跑过去抚摸了下浩楠宝宝的小脑袋,说:"下次写快点吧!"

浩楠宝宝,你今天很HOLD住呀!

随着时间的推移,到二年级结束的时候,在我与另一位老师的督促与帮助下,"浩楠宝宝"取得了多方面进步,这让我们十分欣慰。

关注特殊学生的同时,我也努力为每一个学生的健康生活投注着心力:孩子身体不舒服,久等不来家长,就亲自把孩子送回家;家长闹矛盾,孩子委屈了,就和家长耐心沟通,直到家长认识自己的失误……虽然,经历的事情平凡细微,甚至还会遇上误解,但我依然阳光灿烂地迎接每一天,在感受着孩子们的热情与可爱的同时,我也如饥似渴地成长着。

精雕细琢育匠心

匠心是什么?对学生来说,匠心是"书山有路勤为径,学海无涯苦作舟";对战士来说,匠心是"千磨万击还坚劲,任尔东西南北风";对创业者来说,匠心是"长风破浪会有时,直挂云帆济沧海"……对我来讲,匠心又是"采得百花成蜜后,为谁辛苦为谁甜"。

2015年,初为人母的我接到了学校领导给我的一项艰巨任务,要接手五(4)班,当得知这个消息时感觉有点吃惊,因为之前我没有担任过高年级的班主任,当被告知要接五(4)班时,内心瞬间各种凌乱。这个班,还有这个班的某个孩子,在学校可是鼎鼎大名。开学初,在领导的不断鼓励下,在同年级老师的帮助下,在搭班老师的配合下,在前任班主任的友情提示下,我开始了一场与这个班孩子的爱的历练。

因为成为母亲,我更加明白爱的重要性。我把班名定为"雏鹰中队",我告诉学生,雏鹰中队是一个温暖的集体,大家在这个充满爱与团结的大家庭里,快乐地学习和生活。虽然年少,但你们充满自信;虽然稚嫩,但你们敢于拼搏;虽不杰出,但你们也拒绝平凡。大家相亲相爱,携手共进,以坚实的步履留下让大家引以为豪的足迹,展示班级独特的风采。

这个班的学生大都有点随心随性,对自己和他人都少一份责任心。然而,责任心的培养要以实践为基础,在活动中锻炼成长。于是,在班级制度完善的基础上,我又组织学生根据班级管理的实际需要设立岗位。我先组织学生讨论:班中哪些事情需要大家经常去做,如擦黑板、开关电灯、清洁卫生角和整理图书等;再根据学生的回答,一起创设岗位,并给每个岗位起好听的名字。于是,班级小园丁、节能小卫士、黑板美容师和护眼小老师等非常吸引学生的岗位名称诞生了。接着,我又组织同岗的学生一起讨论自己所选岗位的工作职责,比如,班级小园丁的职责是给班级植物角里的花草浇水、晒太阳;节能小卫士在全体同学离开教室去出操、上体育等课时要负责开灯关灯。

在班级建立小岗位制,是为了培养学生的责任心与集体荣誉感,让他们尽情表达意愿,充分挖掘他们的潜能,使之真正成为班级管理的主人。小岗位的设立,为学生成长搭建了舞台,强化了他们的责任意识,培养了积极向上的情感;小岗位的运行,使学生在班级中实现了自我管理、自我激励、自我追求的和谐统一。小岗位落实了,学生的能力得到锻炼,班级管理也随之变得井然有序。

所以,不管是怎样的学生,在我的眼里始终是一个独特的个体,我会尽己所能去了解他们的需要,陪伴和指引他们的成长。而且从五年级下学期开始,这个班学生行为习惯在改变的同时,语文学习的能力和成绩也终于开始一点点有了小进步。当然,不管是行规还是成绩的改变和提升,这都是学生和我一起,一步一个脚印努力得来的,当他们毕业的时候,还有幸被评为江阴市"先进学生集体"。

精益求精雕匠艺

匠心筑梦,凭的是传承和钻研,靠的更是专注与磨砺。如果说善于运用独特有效的教育方式是我管理的"秘诀",那么通过研究寻找这些方法则是我的另一"法宝"。

在我的书桌上,经常能看到《一年级的小豆包》等一系列反映孩子生活的儿童文学作品,接地气的阅读,让我更能找到与孩子之间的连接点,在心平气和中收服"小淘气包"们。渐渐地,我对低年级孩子特性了如指掌,总能找到他们喜欢的活动或方式进行教育。晨会课,朗朗上口的儿歌和着舒缓的节奏在教室里响起,孩子们朗诵着儿歌把小学生行为规范牢记在心;阅读时间,一本本精美的绘本吸引着孩子们的眼球,我的讲述亲切自然,孩子们在好听的故事里明白做人的道理;队会课上,我会请来高年级的哥哥姐姐,教小朋友戴红领巾、唱队歌、呼号,孩子们在榜样的引领下学习着少先队的礼仪,充满向上的动力……

现在的孩子个性鲜明,班主任几乎每天都在和孩子们"斗智斗勇",深入研究新时期学生的特点,以新的管理方式来管理学生就成了当代班主任的必修课。不管是班主任还是任课老师,都需要学习与家长沟通的技巧。作为老师,会遇见有教养的家长,自然也会碰到气势汹汹不讲理的家长,我也不例外——

某天下班回家,刚放松的心情因为接到了小W爸爸的电话而又紧绷了起来,事情是这样的:那天小W考试没有考好,但是这娃怕被他爸揍,居然说是被某某高年级同学打了受了影响才没考好的。W的爸爸是本地"名人",一听儿子被欺负了,自然是不过问成绩的事情了,就打电话对我发飙了:"陶老师,我知道这事与你无关,但是我明天要来学校问问那个高年级学生的班主任和家长,是怎么教育孩子的,这不是以大欺小吗?而且我儿子的耳朵也受伤了。有本事来攥我呀!你帮我约一下,我去和他们谈……"虽然听着似乎和我没关系似的,但是话里也是在责怪我护生不利吧。

当时,作为一名新手班主任,接到这个电话瞬间有点害怕,脑子里居然还马上显现出了 W 爸爸来学校大闹的情景……不过,一想到他说小 W 耳朵受伤的事情,我倒反而有点定心而且知道是小 W 在博同情编故事演戏以免挨揍。于是我让 W 爸爸叫 W 来听电话,他爸爸直接开了免提,然后 W 奶奶的声音和 W 的哭声先出来了:"你们老师是怎么回事,一年级的孩子哇,经得起高年级打的啊,W 你别哭呀,好好和老师说。"我当时真感叹 W 演技好好,但很庆幸我昨天已经关注到他耳朵受伤了,所以我很平静地说:"W,你昨天自己弄伤了耳朵,陶老师发现了马上就给你涂碘酒了,这件事情你没有和爸爸奶奶说吗?今天怎么变成是被高年级同学打伤了呢?"听了我的问话,W 没有说话,因为是免提,W 奶奶也没有再出声,但是 W 的爸爸依旧扬言明天要来学校。

事情发生后,我第二天一早就去学校了解情况,前一天确实有高年级同学课间经过我班走廊的时候看见 W 狠狠地在打另一个同学,就有正义感地把他们拉开了,但是却被 W 回去歪曲了事实。随后,我等了一天,W 的爸爸也没有来,给他打电话也没有接。虽然感觉道理在我这边,但依旧忐忑地给 W 妈妈打了电话告知事情的来龙去脉,W 妈妈在电话里笑着对我说:"哎呀,老师,他爸爸昨天喝多了呀,我当时不在家,回家之后听了这件事情,恨不得立马给他爸爸一嘴巴,怎么能这么对老师说话呢……"听了这一番话,我不禁哑然,你们这一家子都好有戏哦,好在是虚惊一场。随后,电话里我严肃告知 W 妈妈就这件事要好好教育 W 不能说谎,更要约束他打人的行为,随后没有再多说什么。我想,在我言之有理、查之有据之下,W 爸爸自然不会再气势汹汹,也不好意思来学校和接我电话了吧。

作为班主任,难免会遇见这样的家长,尤其是低年级的班主任,平时更要有意识地留意学生。虽然我们不能时时刻刻关注学生的一举一动,但在这个故事中,如果不是我之前就注意到小 W 耳朵受伤的事情,或许还不知道要出演怎样一场戏才能收场呢!

"赢得了家长,也就赢得了教育的主动权。"努力提高与家长沟通的实效,我认为需要靠老师的责任心,靠彼此真诚,只有这样,老师才能与家长之间架起一座心灵之桥。无论何时何地,只要以爱为出发点,也以爱为终点,把老师那份浓浓的爱心、耐心和责任心充分展露给他们,家校沟通工作就一定能够得到家长的理解、支持和配合。

在不断阅读和研究的同时,我积极参加江阴市优秀班主任研修班、江阴市家校互动课程学习、江阴市优秀家庭教育指导等校内外各级各类培训。和着学校"故事教育"的节拍,我还积极参与学校少先队工作学会立项课题的研究,把教室里发生的故事整理成文,连载记录,对特殊学生进行个案追踪,研究家校沟通的方法等等。2017年,有幸成为城东街道"妈妈课堂"的一名公益讲师,为社区家庭送去爱与智慧。2021年,在江阴市新教师集中培训活动中做有关家校共育的讲座,受到一致好评。

从教以来,我时刻铭记着"博雅、童心、母爱、敬业"的院训,不断做到与时俱进,开拓创新;不断更新着自己教导学生、管理班级以及家校沟通等方面的理念与方法,在教育的路上以德而耕,行稳致远。

一支粉笔、一方黑板、三尺讲台、一间教室,我愿意坚守着这一份平淡,坚持这一份简单,秉持这一颗初心,在爱的教育之路上,努力绽放属于自己的光彩!

【从教感言】

忠心献给事业、爱心捧给学生、安心留给家长。

不忘初心,助推梦想

高敏茗

【校友名片】

高敏茗,2010年8月毕业于南京晓庄学院小学教育专业(数学方向),现任苏州昆山市玉山镇司徒街小学数学老师、总务、安保主任,中共党员。

在奥数比赛中,所指导的学生荣获苏州市第一名的好成绩;在科技竞赛中,所指导的学生获得全国发明展银奖和铜奖;所拍摄的多集微电影在中央电教馆的评选中荣获银奖、铜奖;制作的多个课件在江苏省、苏州市评选中荣获第一名、第二名的好成绩;发表的论文荣获昆山市级论文评选9次,苏州市级论文一二三等奖12次,江苏省级论文8次,国家级论文2次;被评为昆山市高新区最美教师。

2010年8月,刚刚从南京晓庄学院毕业的我怀揣着梦想来到了司徒街小学。站在三尺讲台上,我告诉自己,我的青春应无私地奉献给每一位学生。光阴荏苒,转眼十二年过去了,我始终牢记着陶校长的那句话——"捧着一颗心来,不带半根草去"。这句箴言也在我的工作中一直被践行着,我时刻牢记着我是一名中共党员,我要发挥先锋模范作用——不忘初心,助推梦想!

不忘初心——倾心教育,无怨无悔

"爱满天下"是南京晓庄学院的教育理念,这四个字时刻鞭策着我的教育教学工作。在这几年的教学中，我能够面向全体学生，用心关爱教育每个学生，视生如子，树立服务育人的理念，民主平等地对待每位学生，从不歧视学困生和纪律差生。相反，我常常给予这些特殊的学生更多关爱，把"一切为了学生，为了学生一切"这一思想融入工作当中，和学生打成一片、融为一体，替他们排忧解难、疏导思想。

以师表作风、示范行为、高度负责的人格魅力，去关爱、感染和启迪每一个学生，起到了良好的教育教学效果。在班级中，我是一个大哥哥，引导学生做人的道理；在课堂上，我是一名好老师，教授学生新知；在奥数的指导上，我指导的学生获得苏州市第一名的好成绩；在科技竞赛中，我指导的学生获得全国发明展银奖和铜奖。"一分耕耘，一分收获"，出色的教育教学工作和无私奉献精神，赢得了同学们的尊敬、同事们的赞赏、校领导的赏识以及社会的认可。

不忘初心——潜心钻研，精益求精

我喜欢这样一句话：要追索，要冥思，要叩问，要永远做最善于学习的人，把新知识视作生命的给养。

在实际工作中，我更深深地体会到：锲而不舍地学习是造就一名优秀教师的先决条件。为了尽快提高专业技术水平，我树立了终身学习意识。例如，利用一切可以利用的时间学习，研究使用新的教学软件等。我现在已经可以熟练使用多种软件制作出教学课件，并且由于精通软件、数学理念广阔，我所制作的多个课件在江苏省、苏州市的评选中斩获了第一名、第二名的头衔。此外，我每学期都会抽出时间拍摄校园微电影。剧本编写、素材拍摄、后期制作……我全部都亲力亲为，最后有了一集集校园微电影。在2014—2022年，我拍摄的多集微电影在中央电教馆的评选中荣获银奖、铜奖。

在工作之余，我不断阅读大量文学和教育类书籍，完善自我，让自己成为一个爱读、会写的老师。每次的教学反思与读书心得都踏踏实实地去完成，久而久之就能形成一篇论文。几年下来，自己书写的论文获昆山市级论文评选9次，苏州市级论文一二三等奖12次，江苏省8次，国家级论文2次。

教无定法，学无止境。教育就是一个聚宝盆，有着无尽的宝藏、无穷的魅力，探寻的过程也许很艰辛，但我能够时时自得其乐。课堂教学追求师生情感交流、思维沟通、生命对话的和谐互动境界。在课堂教学中，积极去唤起学生的学习热情，点燃思维的火把。通过引导，我帮助学生以积极的态度参与到教学过程中，并与学生相互交流、相互沟通、相互启发、相互补充，在这个过程中彼此分享思考、经验、知识，以达到课堂充满灵动气息的效果。教学过程中，能根据学生的具体情况，及时调整教学计划和状态，改进教学方法，使学生知识水平明显得到提高。我对学生的无私奉献，随着孩子年龄的增长、阅历的丰富，孩子们会拿自己最佳的成绩回报老师，可以说每学期我都会发现新的教育硕果。数学是我的本职工作，是我作为教师的初衷。在这几年的数学教学中，通过自己的努力和学校的帮助，我在2015年被评为教技能手，在2017年被评为教学能手、中小学一级教师。同时多次代表学校参加市、片组织的教学活动，并取得了理想的成绩。如苏州市中小学素养大赛获二、三等奖；市级公开展示课九次；昆山市百节优秀课获二、三等奖；在近两年的一师一优课评选中，自己的录像课分别获得第一、二名的好成绩。

不忘初心——尽心训练，超越自我

在2012年9月，我校就以游泳作为司徒街小学体育特色项目运动。在学校准备成立校游泳队之初，由于学校体育老师都有着各项任务，所以最终学校安排我去负责游泳训练。当时我丝毫没有犹豫，立刻就答应了。虽然我是一名数学老师，但是作为中国共产党党员的我绝不会选择回避。

在经历了6年的光景后，我校专业游泳队从无到有，从有到精；从有苗子就训练，到有比赛就能获奖。每周三晚上和周六、周日上午，我都会准时出现在游泳池中，带领着孩子们从最基本的动作开始训练。刚开始的时候，对作为一名数学教师的我来说，游泳训练就如一张白纸，毫无头绪，更令人惭愧的是我自己甚至还不会游泳。但当时我并没有退缩，在网上买了一本又一本游泳训练教材，把适合小学生游泳训练的章节摘抄出来，自己也每次都与孩子们一起下水训练。在两个小时的训练时间里，我手把手地进行教学。在有困惑与疑问的时候，也会咨询游泳馆的专业教练，虚心听取他们的建议。在短短的几个月时间中，我与队员们学会了蛙、自、蝶、仰四种泳姿。但我知道这对于建立起司徒街小学的专业游泳队来说，还远远不够。无论是瞬间的爆发力，抑或是持久的体力，孩子们都还没有进行过系统、专业的训练。但同时我也清楚，一味地拔苗助长也是不行的，需要循序渐进。在六年的寒暑假期间，我几乎天天泡在泳池中，带领学生们一起训练。无论刮风下雨，无论地冻天寒……在这六年的相伴中，我与队员们一起快乐、一起努力、一起因为获得胜利而恣意昂扬地欢歌。"鲜花与荆棘同行"，同时挫折也时常与我相伴，脑海中也不是没有闪过放弃的念头。但每当有这样的念头出现，我都会告诉自己，不要倒在黎明前的黑暗之中，然后重拾起自己的激情，带领孩子们跨越一个又一个瓶颈，获得一个又一个荣耀。

多年的努力也得到了收获——在近几年参加江苏省游泳传统项目联赛中，我校的队员们取得了团体第一、团体第二等若干荣誉。在个人奖项上，我校在多项比赛项目都是前三的位子。在2015—2017年，我校作为昆山市游泳队的主力学校之一，参加苏州市青少年游泳竞赛，连续三年荣获团体第一。每年我校都有学生被选入苏州市少儿游泳队，为苏州游泳队源源不断地输送着人才。在2013－2017年，我校在昆山市中小学游泳竞赛中名次也不断上升，从2013年团体的第三十七名到2017年荣获团体第二。同时，我校在2013年成为昆山唯一一所游泳训练基地；2014年，被评为昆山市体育传统项目学校；2015年，被评为苏州市体育传统项目学校；2016年，被评为江苏省体育传统项目学校；2017年，在江苏省体育传统项目学校中被评为二等奖。我在多年的教学与训练中积累了很多经验，在校领导的帮助下，与同事们共同编写出了一套适合适龄儿童的游泳学习教材，并在我校开展了校本课程的教学。2018年4月14日，我校在昆山市体育局、昆山市游泳学会的帮助下，举办了2018年"晶品窗饰杯"昆山市司徒街小学游泳邀请赛，在赛场上，我校的队员们与来自苏锡常学校的队员们你争我赶，最终荣获了团体第一的好成绩。

此外，2018年3月，在昆山市体育局、国家女子水球队的帮助下，我校正式建立了少儿男子水球队、少儿女子水球队。在2018年第二届全国青年运动会上，我校代表江苏省参加了少儿组水球比赛，还取得了男子组第五名、女子组第七名的成绩。

不忘初心——细心管理，安全保障

一所学校的总务就是一个学校的大管家，小到教学用品、班级维修，大到工程改造、活动后勤、食堂管理。这些都是作为总务主任需要完成的工作。多年的历练让我有了大局观，我在短短的几年中迅速成长，既稳重又细致。学校的安保工作举足轻重,而我负责的小学与幼儿园的安防工作,更是不允许出现半点马虎。每天的清晨,我都会早早到校。独自在校园中巡逻,去发现可能出现的安全隐患。放学后,老师和学生离校之际,自己也会在教学楼中走走,瞧瞧门窗是否合上,看看水电是否关闭。每月一次的安保例会、应急演练、隐患排查等,我都会细致安排、精心布置和反思总结。在自己担任总务主任、安保主任期间,校园零安全事故发生。在食堂管理上,严于律己,时刻牢记安全无小事,特别是学生就餐、幼儿园小朋友点心等。每天我都会在六点前到校对原材料进行检查,察看重量及质量是否符合要求。在食堂人员管理上,时刻紧抓不放。在员工个人卫生、工作流程、菜品可口等方面都提出相应的高标准、严要求。在寒暑假之际,校园的基础设施改造也进入了改造高峰期,为了能让工程在规定时间内高质量完成,我心甘情愿放弃个人的休息时间去工作。上午出现在游泳馆,下午出现在校园。对各个工程项目、采购物品进行指导与监督,确保开学后学校能正常教学。

不忘初心,方得始终,作为一名党员教师,七年来我始终秉持着"倾心、潜心、尽心、细心"这四心,做好我的教育教学工作,为追逐我的梦,助推学生梦,实现中国梦而不断努力,砥砺前行!

【从教感言】

"简"非简,"难"非难:"我们初入教师职业时觉得当教师容易,或者并不难,那只是因为我们还没来得及意识到它的难处所在。"书上的这句话深深地刻在了我的脑海里、心头上。在脱离书本的实际教学后,让我知道"教"不仅仅是对学生教授书本上的知识,"教"是要教得有方法,"教"是要教得有节奏。没有方法,没有节奏,即使再高的学历,再渊博的知识,同样不能说是"教"。就像古时所说:"授人以鱼,不如授人以渔。""简"非简,"难"非难,在实际的教学中,去教授学生简单的一个知识点,要想教得轻松,要想教得到位,其实并不简单,这需要自己在教学历程中摸索。难易的教学方法,要想自己去探索、要想自己去反思,其实并不难,这同样需要自己在教学历程中去摸索。

为乡村教师代言

成 航

【校友名片】

　　成航,2011年毕业于南京晓庄学院小学教育专业。先后担任南京市江宁区土桥中心小学教务处干事、教科室主任,现任教务处主任,小学数学教师。江宁区第三届小学数学"教学骨干",江宁区第九届数学"学科带头人",第十届小学数学"南京市优秀青年教师"。

　　工作以来共有5篇文章发表,所撰写论文先后获省"师陶杯""行知杯""长三角教海探航"论文竞赛省一等奖,30余篇论文在省、市、区各级论文比赛中获一、二等奖。先后主持或以核心人员身份参与国家级集体课题结题2篇,市级集体课题3篇。市级个人课题2篇,其中一篇结题并获市一等奖,另一篇在研究中,区级个人课题结题2篇并获二等奖。

　　2013年获江宁区"教学先进个人"荣誉称号,2016年获南京市五年职初教师考核市一等奖。2017年获江宁区"教学先进个人"、江宁区"优秀教育工作者",2018年获江宁区"教学先进个人",2019年获江宁区"教学管理先进个人"、江宁区乡村教育联盟"最美教师",2020年获江宁区"教学先进个人"、江宁区"教科研先进个人"。担任教务主任一职以来,学校连续三年获江宁区教学先进学校,教学成绩排全区前列。

"晓庄时光"

当初会结缘晓庄其实是我的高考略微考砸了。班主任对我说你的性格蛮适合当老师，就报师范吧。他向我推荐了南京晓庄学院。准确地说，我从没想过要当老师，甚至很排斥当老师。当时分数不一定能录得上我心仪的专业，属于对现实的妥协。现在看来十分庆幸，听了老师的建议，来到了晓庄是一种缘分吧。

我的大学学业成绩不好，甚至挂科过。如果让我重新回到大一，我要做的事就是好好学习，挂科的原因主、客观都有。我们宿舍几个男生准确地讲，在大学里都有点浑浑噩噩，到了大三认识了我的爱人，她跟我说你这个样子不行，你得好好学习，然后天天抓我去图书馆看书，到大四终于拿了一次奖学金，毕业时我以全院第二名的成绩通过了南京六城区的编制考试。

我印象最深刻的是王本余老师，他上课特别有趣，我大学期间学习不是很认真，但只要他的课，我肯定从头到尾认真听，从不旷课。他当时说普通话不是特别好，听起来就更好笑。他讲课经常结合实际，把对自己小孩培养的心得结合案例，跟我们分享他的教育理论，讲得特别好。还有我最敬佩的刘娟娟老师，我是理科方向，经常做奥数题目，有些题目怎么都做不出来，但她眼睛一看，思路就出来了。她治学严谨，我大学的毕业论文也是她指导我，最后得了优秀毕业论文。可以说我现在的教学能力就是在娟娟老师的手上培养出来的。还有严开宏老师，他教我们教育科研，我的教科研实践就用到了他教授的研究方法。

除了爱情事业双丰收，在晓庄最大的收获是给了我晓庄人的这个身份吧。我一参加工作，就有好多老师说你是来自晓庄的，我也是晓庄的，彼此立刻有一种非常亲切的感觉。包括现在外面开会、培训，也会遇到晓庄人群。晓庄在我们教育领域内口碑特别好，只要知道你是晓庄毕业的，大多会委以重任。

我就业的压力还是挺大的，那年刚实行绩效工资，好多人都报了师范专业。而且很多非师范专业毕业生也可以考编，一下子口子开了，整个南京市考六城区的接近 2 万多人，竞争 600 个岗位。我们那届毕业生留在江宁工作的老师不是特别多，留在南京的也不到一半。

但只要我们过了笔试，就相当有信心。江湖上有种谣传，不管面试者来自南京哪所高校,不管本科生研究生,只要听到有晓庄小教的学生,他们多半估计没戏了。我们实践的机会多,面试能力强,专业技能特别好,到现在依然是这样。考编之前,面试之前,学校都给我们进行好多次模拟。记得一次模拟我第一个出场,在录播教室上《面积的认识》,刘娟娟老师在后面听,给了我很多指导,特别是提醒我导入部分一定要"把手掌伸开",历历在目。我们经过很多这样的训练,只要进入面试,就没有人被刷掉。

"土小教师"

我顺利通过笔试面试,而且分数很高,但得知分到土小的时候,我愣住了,根本没想到会分到街道学校去,而且压根不知道土小在哪,整个人就像掉到冰窟窿一样。听到被分到土小,第二天我就坐着第一班公交车,想看一下最早几点赶到学校,顺便看看学校长什么样。

看了之后,极不符合期待,很失落。尤其是交通,我当时往操场上一站,收到的信号是"欢迎您来到镇江",我猜想下面的学校更需要男教师,那时调整教师结构,男生多分到乡下,这就由不得我了。

我们学校属于江宁区的最边缘,我在操场上手机掏出来是镇江的信号,打电话都怕是漫游。虽然是街道学校,校舍建于 2007 年,我去的时候还蛮新,看上去整体教学设施蛮好。学校当时就以科技为特色,有科技场馆,觉得还是蛮 fashion 的。刚工作,学校让我做一些社团的指导教师,也觉得新奇有趣。住宿条件特别差,校长给我们安排宿舍,是校内一栋小楼里一间很空旷的屋子,摆着一张双人床,其他浴室卫生间什么都没有。

工作第一年我教的是语文,而且我普通话不好。学校领导在全体教师会上通报我负责五(4)班语文,我想是不是报错了。会后我跑去找校长问,他说没有啊,你就是教语文。我说教不了啊。他说教不了也没办法,我们现在不缺数学,你就得教语文。这样我就教了一年语文。

那一年真的挺痛苦,一会儿教语文一会儿教数学。跟我搭班的数学老师有胃炎,一天早上我在班级带学生早读,校长跑过来敲一下门,说你把语文书放下,把数学书递到我手上,说从今天开始你是数学老师,高不高兴?我说高兴,我去教数学。

刚教了一个月,把期末复习计划制定好,期末试卷编完,校长又过来说数学老师身体好了要回来,你接着去教语文吧,我又去教语文。

到下学期这件事又折腾一遍,第一年就这样过去了。学生也搞不清我到底是语文老师还是数学老师。第二年学校把我转成数学了,回归本专业。那时像我这种情况特别多,现在是没有了。

"智慧校园"

我们学校重视科技,提出的核心理念"乐创"实质上就是晓庄的陶行知思想,让学生乐于发现,乐于动手,乐于创造。几年前南京市提出要建设智慧校园,当时校长就对此感兴趣,觉得智慧校园会成为未来学校建设的主流方向。学校工作重心就放到智慧校园的建设上,主要分成智慧管理和智慧教学。

比如说智慧教研。我们发现平时研讨活动,如果不提前准备,现场研讨效果不佳。就想个方法,创设一个平台,教研组长提前一两天把研讨主题放到平台上。所有教师可以在底下评论区评论,实际上是让老师们先行思考。在此基础上大家研讨,研讨结束把最终成果发到平台上。再比如班级圈,它相当于我们的朋友圈,学生账户全在上面,某个家长发个状态,其他家长或者小孩都可以进行互动。

学校近几年教科研一直走在江宁区前列,正是受益于我们的智慧校园。正常情况下,我们老师做教科研,所研究的东西会发现都被研究过了,不管你写什么,其他评委都觉得毫无新意。建设智慧校园后,有很多新颖的点可以让老师们去写。比如刚刚说的班级圈,可以进行家校沟通,起到家校共育的作用。再比如智慧课堂教学,我们在江宁区最早使用移动平板进行教学。围绕移动平板教学,也可以写出很多高质量的论文。

智慧教学对教学有很大的影响。智慧课堂强调学生课前自学,课堂上更关注学生学习状态,课堂教学更有针对性。我们把课堂教学模式变得类似翻转课堂,学生先学,课堂上进行小组汇报,教师进行点评,之后再针对性训练。近三年学校教学成绩从全区的倒数三名,已经变成街道学校第一名,甚至超出很多城区学校。当然,如果说这个成绩全归功于智慧校园也不一定,但智慧校园肯定起到正向的促进作用。

我是这个项目的主要推动者之一。我的成长得益于智慧校园,我写了很多这方面的论文,包括我的很多公开课也是基于智慧课堂进行的。从一定意义上说是智慧校园成就了我,这在学校还是起着较好的榜样作用。很多老师见到智慧校园可以给一个老师的专业成长带来帮助,他们就会主动从事这方面的教学研究。

"教务管理"

我现在是教务主任,既做教学科研又做管理,说实话有点难以平衡。现在学校都是这样一种现状,教而优则仕。如果你的教学成绩优秀或者教科研水平优秀,学校就会优先发展你,让你走到行政岗位。这就带来一个问题,一旦你投入行政岗,很多精力会被管理的事情分走,很难再有足够精力投入教学。

学校最烦琐的部门就是教务处,管的事情非常多,学生书本征订,教师课表安排,老师请假的课程协调,学籍管理,学科竞赛,教研活动,包括区里很多教学展示和评比,全由教务处管。我们分出去最多的时间就是这些琐碎的杂事。我做教务的第一年,没有一天晚上不是工作到八九点。

我这个教务做得比较多的是关心教师的成长,不仅仅是新老师,而是所有老师。可能是我手伸得比较长,这些事情可做可不做,但我觉得学校发展一定是教师先发展,对老师的要求自然就高,比如我经常给老师们做培训,一年各种讲座至少要做五六次。

当然工作的推行中也有遇到障碍。经常有老师跟我开玩笑说,看到你来了我们大老远就躲了。因为论文没写好,就要被你盯着说。其实我觉得这不是一件坏事,很多老师虽然跟我说过类似的话,但他们紧跟着带来一句话就是挺感谢我。我刚做教科室主任那年,真的是挨个人催,看到你了,打招呼不是说你好,而是说论文何时给我。老师开始看到我会绕着走,到后面论文获了奖,那个星期里我的桌子上都会有别人送来的奶茶。老师们说谢谢成主任,我获奖了,请你喝杯奶茶。最终还是能被理解,我是很欣慰的。

"乡村情怀"

我认为乡土情怀很难培养,只有来自乡村,经历过乡村生活,比如我们小学放学后在田野奔跑、捉甲虫、钓鱼、摸虾,才可能会对乡村有情怀。其他人如果说对乡村有情怀,我觉得并非来自内心深处,而觉得乡村生活能带来适当的放松,如果真让他去乡村生活,他可能不愿意。

教育情怀我觉得可以培养。前面也说了,我被分配到土桥中心小学,也是难过的,谈不上什么教育情怀。这个情怀是什么时候产生的,肯定是在你工作当中产生,只有接触了乡村学校的工作环境,接触了乡村的这些老师,接触了乡村的这些小孩,你才会慢慢有些情怀。

教育情怀在刚入职到土小的老师身上体现得不多,他们更多是把老师当作一份职业,更关注的是生存状态。但慢慢看到一些年长老师的付出,有榜样的力量在里面,情怀也就渐渐融入自己的血液里。表现为不愿意离开这所学校,愿意在乡村学校干很多年,为学生为学校付出。包括我自己,入职后的两三年里也想着逃离,后面有机会让我调到城里,我没去,可能就是情怀吧。

【从教感言】

我重温了走进晓庄、在晓庄学习以及近十年的工作历程。或许十多年前走进晓庄是一个巧合,但现在看来,这无疑是一个最美丽的邂逅。四年的晓庄学习生涯,给了我成为一名合格教师的专业技能和专业素养,但真正影响我、指引我成长的是陶行知老先生那"捧着一颗心来,不带半根草去"高尚情怀以及晓庄老师们严谨而又充满爱的治学态度。我相信,无论我们这些陶子们身在何方,他们也一定在认真实践着陶行知先生的教育理想。

踔厉奋发,为梦而行

高俊丰

【校友名片】

高俊丰,2011年6月毕业于南京晓庄学院小学教育专业(数学方向),现任南京市南化第四小学数学教师,中共党员。

曾获得南京市小学数学基本功竞赛二等奖、江北新区小学数学基本功竞赛一等奖,多篇论文、案例在市区比赛中获一、二等奖。任教以来,荣获南京市德育优秀青年教师、南京市优秀大队辅导员、江北新区小学数学优秀青年教师、江北新区优秀教育工作者等多个荣誉称号。

岁月如梭,似水流年。2011年从南京晓庄学院小学教育数学专业毕业后,我已经在南京市南化第四小学耕耘了十二年。十二年的工作历程,有奋斗也有平静,有艰辛也有收获。作为一名晓庄人,我时常想起在大学校园里上课的情景,当上老师后更加深刻明白了"行是知之始,知是行之成"的内涵。

晓庄,成长的沃土

在南京晓庄学院有这样一群教师,在我的大学学习生活中,不仅给予我知识,更教会了我如何成为一名合格的人民教师。

还记得 2010 年的夏天,在晓庄特有的"顶岗实习"中,我和同学一起被学校安排到高淳东坝中心小学进行实习,在大三就有一个月的实习机会在当时是很宝贵的,教师院给每一个大三的学生都进行了合理的安排,实习期间班主任刘娟娟老师与学院的赵冬金、严开宏等老师走进顶岗的学校进行指导,这都为我们毕业后能胜任教师岗位打下了坚实的基础。

而 2011 年的夏天是忙碌的,既要准备毕业论文,还有大四的实习,更有考编的压力,回想起来,那段时光是紧张的却又是充实的,晓庄的老师们除了授课,更会在课后指导我们如何应考、如何面试,一步步让我们这些毕业生从紧张走向从容,也正是他们背后的支持让我顺利地成为一名光荣的人民教师,感谢每一个在成长道路上帮助过我和引领过我的人。这也让我从那一刻开始觉得责任在肩,要当好老师,更要当"好老师",更需将"千教万教,教人求真;千学万学,学做真人"的教学理念践行下去。

怡园,生命的林子

2011 年 8 月,我作为一名新教师正式走进了南京市南化第四小学,学校有一个温馨的名字:"怡园",成为其中的一员后,我深深地被这里的一草一木、一桌一椅所吸引。走在校园里,随处都能让我停下脚步,去欣赏它的美,感受它背后的故事。

工作的第一年,我担任两个班的数学老师加一个班的副班主任,和我搭班的是工作经验丰富的赵雪敏老师,学校的"青蓝工程"还为我安排了张仁梅老师作为我的指导教师,正是在一群优秀教师的帮助下,让我快速地站稳了讲台,更体会到做一名合格的人民教师的不易。每当看到他们热心地辅导学生,耐心地与不同的学生和家长沟通交流,为了一节公开课多次夜以继日地磨课,让我学到了很多在大学里学不到的知识,更感受到了他们身上敬业的力量,零距离地体会到什么是教育工作者的责任与担当。

还记得当时要进行新教师汇报展示课:《乘法分配律》,师傅和组内的老师在我独立备课后,走进我的课堂听课,那次上完课,我的整个后背都是湿的,课后他们一起为我磨课,又再次试上,一次次的改变让我对要教授内容的理解更加深刻,也正是因为他们的帮助,我才能很好地进行展示,更让我明白如何去上好每一节课。当然，无论是工作中还是生活上，在年级组里，我们就像一家人一样，相互帮助，齐心协力，在怡园工作的每一天让我感觉都是崭新的，更是温暖的。

工作的第二年，学校让我到大队辅导员岗位上进行锻炼，一开始对于少先队的工作很是陌生，怎么正确地佩戴红领巾、如何开展中队活动、竞选大队委怎样更有亮点……一系列的问题纷至沓来，德育主任王志辉老师作为资深的少先队大队辅导员给我指明了方向，要细心大胆，更要从学生的角度出发，做好每一件小事，不断地积累经验，不断地反思总结，才能将少先队工作做好。渐渐地，我们的办公室里有了更多的话题讨论，有了更多的思考实践，校园里有了更多我们忙碌的身影，广场爱心义卖、家长志愿者活动、三年级成长礼远足活动等渐渐地成为学生与家长期盼的校园活动。

同时，作为一名小学数学教师，更不能忘记自己的本职工作，教育好自己班级里的每一个孩子，将自己的数学课教好。为此，在数学教研组同仁的带领下，积极参加各类数学研训与比赛，夯实自己的数学教学基本功。我也慢慢地从稚嫩走向成熟，也走向了区公开课、市公开课的舞台。无奋斗，不青春，我想，这也正是一群怡园年轻教师的一个缩影，他们在工作岗位上洒下自己的汗水，努力地成为最好的自己。

工作的第七年，再次转变角色负责学校德育管理工作，面对的不仅仅是学生，更多的是学校的每一个班级、每一个家长，这更需要自己从心出发，去潜下心来学习、锻炼、反思。学校围绕"养怡"核心办学理念，坚守儿童立场，提出了"培养身心愉悦、各显其长的未来学子"的育人目标。

每一年，作为教师最难忘的就是毕业季与教师节，一届届毕业生的离别与一届届毕业生的返校，让每一个教过他们的老师们感受到作为教师的幸福。往往那时，我也会想起母校，想起晓庄的春夏秋冬。

教育，一生的追寻

学生是有血有肉的人，教育的目的是激发和引导他们的自我发展之路。真教育是心心相印的获得，唯独从心里发出来，才能打动心灵的深处。作为当下的一名人民教师，我们需要天天学习，天天进行再教育，面对科技日益进步，许多时候我们也许会被很多事务给缠绕着,可一切工作的出发点和立足点都应该是学生生命的成长,我们身在其中,更需要远离名利之争,让学生感受到老师对他生命成长的期待,让学生体会到多姿多彩的生活。

成长的每一天,我们有理由相信自己,相信他人,更要相信学生,在我们的成长过程中,关注教育的每一个细节,按照立德树人的目标,按照教育教学的规律,按照学生自身成长的规律,尽我们自己的所能帮助学生学习知识,掌握技能,树立正确的人生观、世界观、价值观,静静地看着他们成长,成长为一个有益于社会的人。

无论在晓庄,还是在怡园,我都将把教育作为自己一生的事业,不忘教育的初心与使命,带着学生在生活中探寻生命成长的真谛。

【从教感言】

> 作为一名晓庄人,我是自豪的,因为晓庄给予我成长的力量;作为一名怡园人,我是幸福的,因为怡园给予我教育的舞台;作为一名教育人,我是奋进的,因为唯有思考与努力,实践与反思,才能给学生传道授业解惑也;未来的教育之路还很漫长,我定会脚踏实地,为祖国的教育贡献自己的一份力量。

风雨润桃李，黑白画春秋

戈菲菲

【校友名片】

钱伟钧，2011年6月毕业于南京晓庄学院应用心理学专业，现任苏州健雄职业技术学院团委书记，中国陶行知研究会职业教育专业委员会副秘书长。

曾获"学创杯"全国大学生创业综合模拟演训活动教师创新创业能力竞赛全国总决赛金奖，培育孵化学生创新创业竞赛省级以上奖项30余个。在省级以上期刊发表论文7篇，主持省级教科研课题2项，心理志愿服务事迹多次被市级以上媒体报道。

教育的意义就是用一个人去影响一群人

钱老师说："仍然记得在晓庄学习时陶勑恒老师上课的激情澎湃，曹慧英老师授课时的优雅入世，全体心研所老师们认真严谨的治学态度和对学生无条件的支持与关心，这些后来都成为激励我选择'教师'这一光荣职业和成为一名心理健康教育工作者的动力。"是啊，正如德国著名哲学家雅斯贝尔斯所说的："教育的本质是一棵树摇动另一棵树，一朵云推动另一朵云，一个灵魂唤醒另一个灵魂。"传承着老师们的精神，怀揣着教书育人的这一份初心和使命，钱老师将自己的所知所学毫不保留地教授给学生。并且,在教育工作之余,她还常常在各种形式的教研培训活动中听取老师们的建议,不断改进、优化自己的教学方法,与时俱进,不断守正创新。钱老师认为:新时代对教师提出了更高的要求,不仅仅要提高教师队伍学历,更要提高综合能力。教师要有终身学习的能力,在陪伴学生成长的同时,也要不断地充实自我,积淀丰盈自己,这样才能更好地站稳讲台,成为学生的良师益友,为学生指明前进的方向。

以生为本,做好教学路上的引导者

在苏州健雄职业技术学院任职期间,作为团委书记,钱伟钧老师致力于指导学生进行创新创业能力竞赛,培育孵化学生创新创业竞赛省级以上奖项 30 余个。一路走来,她用实际行动诠释了"师者,所以传道、授业、解惑"这一经典论述,她基于学情,以生为本,运用专业知识开展学生的心理志愿服务,积极推进学校多项办学工作,并获得了公认的跨越性发展,开启了学校特色发展的新征程。她说:首先要进行准确的自我定位,当前,教师已经由主导者的角色逐渐转变为引导者的角色。现行的教学方式更注重学生在学习中的主体地位,教师要成为学生学习的引导者和支持者。这就要求教师更加关注学生的发展,让学生成为学习舞台中被灯光笼罩的主角。

奉献是教师最好的旋律

"捧着一颗心来,不带半根草去"的奉献精神一直涤荡着全体晓庄人的灵魂。钱伟钧老师说:晓庄告诉我一旦选择从事教育工作,就意味着选择了奉献,就意味着全心全意为学生服务。当看到学生的成长和改变,我认为是我职业生涯中最具自我实现感的时刻。随着教书的时间变长,我越感觉教育是一项光荣且崇高的事业,而能从事人民教师这个伟大而光辉的职业,又让我时刻感到很是骄傲和自豪。正是因为这份以教书为荣的心态,钱老师将自己全身心投入进去。带着这团不灭的火焰,她一直努力向上攀,向前走,成为更好的自己,培育更好的栋梁。

【采写心得】

南京晓庄学院的创立者,著名的教育家陶行知先生曾经说过:"学高为师,德高为范",作为一名光荣的人民教师,要具有广博的知识,还要有高尚的道德情操。

教师的一言一行都会给学生带来潜移默化的影响,加里宁说"教师的世界观,他的品行,他的生活,他对每一现象的态度都这样或那样地影响着学生",育人先育己,育己重育德,我们必须要先提高自己的道德修养,才能为学生做好表率。

展望未来,将进一步传承行知思想,让教育之路绽放出更绚丽的花朵!

知行合一，砥砺前行

王 青

【校友名片】

王青，2011年毕业于南京晓庄学院，现任南京市栖霞区摄山星城小学数学教师兼德育处副主任。曾被评为南京市德育工作带头人，南京市优秀班主任，栖霞区学科教学带头人，栖霞区优秀教育工作者，栖霞区教学先进个人。2012年参加江苏省第一批珠心算实验教学。2014年兼数学教研组组长。2017年9月成立校级"王青工作室"，同时担任"星光班主任成长营"主持人，强调群体的力量，让一个团队辐射到更多的教师，给青年教师提供专业的指导和一个很好的学习交流平台，形成相互学习、共同进步的良好氛围。

回忆母校，坚守初心

在晓庄的求学经历给我的整个职业生涯带来非常大的影响，在母校我们所学习的专业课程、实践活动等，如今都在教育教学工作中不断地体现出来。也是在母校时，晓庄的老师们在传授知识给我们的同时更是引领我们的思想，让我们在没有真正走进儿童时，我们的思想先走近儿童。在晓庄的课堂中我们可以畅谈自己的想法，与老师展开交流，很自由、很快乐、很幸福。童心、母爱、敬业、奉献这些都是晓庄教会我的，让我在还是师范生的时候更早地懂得如何学会成为一个合格的准教师，以及一位合格的教师。所以作为一名晓庄陶子，我很自豪。

在母校有一位留给我印象非常深刻的老师，她是我在母校学习与生活的班主任——刘娟娟老师，最吸引我的是她给我们上课时传授的解题技巧，她总是能够把非常复杂的数学问题变得如此简单化，让我感受到数学的力量，数学的美。如今，作为一线数学教师，我把同样的解题技巧与我的孩子们分享，看到他们在解决实际问题中一次次地突破困难，不断地前进，在前进中孩子们学会了分享与交流，体会到数学带来的快乐。我深知教育的本质在某种意义上来讲要更好地培养学生的思维，而培养思维最好的场所就是课堂。因此在日常教学中，我不仅关注学生的成长，同时也关注学生数学核心素养的发展。

回想起在我大四到高淳顶岗实习的日子，真是一份特别美好而宝贵的回忆。那一年那一天，当我真正走向讲台时，看到了孩子们一双双充满信任和渴望的眼神，我想我对"教师"这两个字有了更深的理解和感受；和孩子们朝夕相处了一个月，尤其在实习结束准备离开时，孩子们排队在办公室门口等着我，给我送别的场面，他们一句句温暖和鼓励的话，一封封手写的信，和孩子们一个又一个拥抱，真的有太多的不舍。那一刻，我在心里跟自己说：一定要努力成为孩子们喜欢的好老师。这么多年，回头看看来时的路，仍旧不忘教育初心。

全新挑战，完善自我

日常面临的问题是如何有效和高效地提高家校沟通，与家长更好地在合作中协同育人。同时，我觉得我成长路上遇到的最大挑战是：如何做智慧型班主任？成为智慧型班主任的过程是十分不易的，人无完人，老师也一样。我们需要让自己的教育教学工作充满智慧，并选择一个适合的处理方式。比如我会借助本班家长学堂的开设，与家长分享科学的家庭教育方法，家长与家长零距离交流等，而这些都需要我们不断反思与实践运用，通过不断的磨炼提升自己的智慧处理。

《深化新时代教育评价改革总体方案》强调，改革教师评价，坚持把师德师风作为第一标准，推进践行教书育人使命。教师的一言一行不仅影响学生在校期间的成长,甚至影响学生的整个一生。因此,我坚信师德师风在教师队伍建设中的极端重要地位,努力成为有理想信念、有道德情操、有扎实学识、有仁爱之心的新时代"四有"好老师。同时,师德师风成为新时代教师评价的第一标准,是落实"立德树人"根本任务的内在要求。教师的初心和使命就是立德树人、教书育人,就是培养德智体美劳全面发展的社会主义建设者和接班人。改革教师评价是新时代教育评价改革体系的重要组成部分。同时,《新时代中小学教师职业行为十项准则》就是新时代对广大教师落实立德树人根本任务提出新的更高要求,进一步增强教师的责任感、使命感、荣誉感,规范职业行为,明确师德底线。

展望未来,不断钻研

我的新目标是在钻研教材的同时不断提升自己的教育科研能力。教育科研对教师的职业生涯是非常重要的,学校一批又一批的青年教师成了学校的骨干教师,我想一定有教科研的助力。无论是教学设计的能力,还是班级管理的创新,都离不开科研力的支撑。我们知道任何一份工作都需要热情、兴趣与钻研,只有这样才能在工作中有所获,有所成长。对于教师而言,这样的思考与钻研太重要了。教师的工作对象是学生,是不断发展的人。

其次,教材本身也是不断变化的。一个有科研力的老师一定是一个愿意阅读的老师,这对于教师而言太需要了。一个有科研力的老师一定是一个眼中有光的老师。他们的光是看见学生的微笑,是看到自身的信心,是看到未来的可能。

诚挚寄语,衷心祝愿

建议学弟学妹们多到学校去走一走、看一看。同时多读书学习,充实理论知识。教育涉及的不只是课本知识的传授,还要掌握一定的心理学知识、学科前沿知识,吸取名家的优秀工作经验等。我个人比较喜欢的书籍有管建刚《一线带班》、苏霍姆林斯基《给教师的建议》等,读书之余,尝试写读书笔记,注重反思与积累。即将走上小学教师岗位的陶子们,建议大家可以提前理解教材,以及教材之间的联系。

同时要多听、多思、多请教。如有机会,可以参加名家的专题讲座,如名教师名班主任的教育教研活动。或者多参加一些特级教师名师的工作室的一些线上活动,不停吸取先进的教育教学理念,逐步规划完善合理的职业生涯发展。在校期间如有机会,多参加师范生技能比赛、说课大赛等活动,扩展自己的视野,增广见识。多参加学校的实践活动,如实习、听课等,相信对"教师"这两个字你会有更深的认识。

【从教感言】

工作十多年来,所有的经历都是鞭策自己不断进取的动力。我十分清楚,前方的路还很漫长,我将不忘初心,继续努力。

一是重师德,努力提高个人修养。作为一线教师,我深知自己肩负的责任。要胜任这一工作,必须具备更高的思想境界,以更高的专业水平来应对。我将更加严格要求自己,反复钻研教材,阅读参考书、专业书,从书中学习有关理论知识,拓宽自己的知识面,努力提升自己的人文修养、理论水平和专业能力,切实提高自身素养。

二是重课堂,认真完成教学任务。一直以来,我都认真准备每一节课,精心备课。在备课时,不仅备教材,还备学生,让学生在有限的时间里学会更多的知识。随着新课程改革的不断深入,我大胆地在课堂中引进新思路新方法,每当走进课堂,我都充满了感动和期待,在与学生的交流、碰撞中,我尽情地放飞自己的教学设想。在教育教学中大胆创新,让兴趣成为学生最好的老师,调动学习的积极主动性,享受快乐的学习历程。

三是重思考,努力成为研究型教师。为了不断提高自己的教学研究能力,我一直注重从教育教学实践中挖掘鲜活的实例,总结提升。经常自觉地运用学习到的课改理念,审视自己的课堂,对课堂教学进行有意的回顾,体会成功的方法,寻找改进的思路;对所教学生的成长过程进行分析,总结成功的经验,完善有效的方法,并及时将自己的想法记录下来,撰写教学反思。

让爱心伴随自己,把精彩留给学生

张 琳

【校友名片】

肖立丽,中共党员,2012年6月毕业于南京晓庄学院教师教育学院小学教育专业(数学方向),现任南京市慧园街小学数学老师,学校团支部书记,少先队大队辅导员,并任少先队辅导员年限7年。

2019年被评为秦淮区优秀少先队辅导员;2022年被评为秦淮区教育先进个人、秦淮区"点亮文明之光"先进个人、秦淮区学科教学带头人;2020年被评为秦淮区优秀青年教师、秦淮区教育系统最美防疫教师。

在给肖立丽老师发送短信邀请其进行访谈没多久,便收到了她的热情回复,在与我交谈时,她温柔亲切,不仅高度配合完成工作,还对从南京晓庄毕业的许多前辈表示尊重和钦佩,而对后辈的我们表现出欣赏和期待。从教以来,肖老师一直秉承"让爱心伴随自己,把精彩留给学生"的工作理念,用心上好每一堂课,走进学生,关注每一位学生的发展。

用热情点燃星星火炬

肖老师认真学习党的各项方针、政策,时刻以一名党员的标准规范约束自己的行为,不断提高自己的党性修养。肖老师将政治启蒙和价值观塑造融入少先队各项工作和活动中。她重视队前教育中预备队员的政治启蒙;她坚持上好每一学年的队前教育第一课,积极调动党团员辅导员老师录制队前教育微队课视频;她关注校外教育阵地的挖掘,每学期号召校红领巾小队开展活动,在校微信平台开辟"小队风采"专栏,帮助少先队员宣传,鼓励队员们积极参与;她号召全体少先队员学党史,开展红色基因代代相传小队寻访活动,将红色基因传承发展。近年来,多支红领巾小队在肖老师的指导下取得了出色的成绩,在秦淮区小队活动案例视频征集中分获一二三等奖。

2022年6月18日上午,在肖老师和其他几位老师的带领下,慧园街小学的少先队员们积极响应秦淮团区委、区少工委号召,走进王府南园社区,开展"我是社区小主人"活动,通过开展敬老爱老志愿活动、走上街头宣传倡导文明理念等多种形式,以实际行动助力南京创建全国文明典范城市,积极引领全区广大少先队员培育和践行社会主义核心价值观。当少先队员们敲开每位老人的家门,映入眼帘的都是老人们灿烂的笑脸,他们对少先队员们的到来表示热烈的欢迎。少先队员们陪同老人聊天,耐心而细致地回答了老人们的问题,为老人们捶背按摩,像陪伴自己的长辈一样与老人亲切互动。在少先队员们的陪伴下,老人们脸上洋溢着幸福的笑容。

作为一名基层少先队工作者,肖老师默默奉献着,勤奋努力着,教育引导队员们扣好人生的第一粒扣子,带领少先队员们在星星火炬的指引下茁壮成长,让胸前的红领巾更加鲜艳!带领少先队中队辅导员为红领巾事业增添新时代的荣光!

用勤勉齐抓教学与科研

从教以来,肖老师一直秉承"让爱心伴随自己,把精彩留给学生"的工作理念,用心上好每一堂课,走近学生,关注每一位学生的发展。在日常的教学中,肖老师坚持做到:充分利用数学教材,挖掘教材的趣味性,引导学生主动探究。让学生掌握更多的方法,了解更多的知识,培养学生的创新能力。她注重知识灵活应用的同时力求让自己的数学教学更具特色,形成自己独具风格的教学模式,提高教学质量。教学中她也很注重学生各种能力和习惯的培养。她在疫情期间多次执教的直播课也受到了家长和学生的一致肯定。

肖老师说,教学和教研犹如转动的机器中两个互相推动的齿轮,在做好教学工作的同时,她也很注重提高自身的教研能力。在工作中,她一丝不苟,踏实肯干,她认为教育科研不仅可以提升自己的教育教学水平,还能提升自身的研究能力,使教育观念不断地更新。

通过肖老师的不断努力,她在教学方面取得了多项瞩目的成绩:先后获得2018年、2021年区小学数学青年教师教学基本功比赛活动二等奖;2021年区"希望杯"赛课二等奖;南京市游府西街小学名校联盟"数学教师基本功比赛"一等奖;2017年南京市游府西街小学名校联盟青年教师基本功比赛一等奖。而她在教科研方面也获得了十分辉煌的成绩:2018年至今,发表的十余篇论文和课题获得过多类优秀奖项;区课题"小学中年级数学课堂启智性有效提问的校本研究"2019年6月结题;论文《"互联网+"背景下小学数学构建高效课堂的基本策略》被《文存阅刊》发表并收录;论文《小学高年级数学习题教学中"变式"的应用》发表在市级刊物《金陵瞭望》;案例《让爱趁"需"而入》获得市二等奖。

用爱心传递志愿接力棒

肖老师认真负责,关心、爱护学生,为人师表,有奉献精神。她坚持以身作则,要求队员做到的事自己首先做好榜样,积极参与爱心公益事业,关爱学习生活有困难的队员,利用假期参与暑托班公益服务工作,一个个暑托班,托起的不仅仅是一个个家庭的希望,也是国家民族的希望。肖老师积极投身公益事业,让无数的孩子们走向更广阔的天地。

这位深受学生爱戴、成绩突出的教师,在国家需要时勇敢地站了出来踏上一线志愿服务征程。肖老师走下三尺讲台,就地转岗,化身"抗疫战士",奔赴抗疫前线。在抗疫的同时,她不忘记自己的初心与使命,积极做好自己的本职工作,坚持线下抗疫,线上教学,尽职尽责地完成自己的教学工作,用自己的实际行动为老师和同学们树立了一个榜样,用实际行动诠释着"初心常在,不负韶华,疫情当前,责无旁贷"的教育精神。

自任现职以来,通过她自身的努力,同行的认可,她曾先后获得"秦淮区优秀志愿者""秦淮区最美防疫教师志愿者"等称号,在把关怀带给社会的同时,也传递了爱心,传播了文明,给学生树立了榜样,在学生的心里种下了服务社会、贡献社会的责任之果,用爱心将志愿接力棒不断地传递下去。

【采写心得】

肖老师把青春播撒在她深爱的这片教育沃土上,"让爱心伴随自己,把精彩留给学生",不忘为党育人的初心使命,在平凡的岗位上奉献自己的光和热,用爱和责任演绎精彩!

平凡中的光亮

严 婷

【校友名片】

严婷，2012年6月毕业于南京晓庄学院教师教育学院小学教育专业（语文方向），现在溧水区实验小学任教。曾多次获得校"优秀班主任""特色班主任"的称号，被评为溧水区第二届德育优秀青年教师。

童心拉近彼此距离

接得上童气，用一颗真挚的心去守护每一颗珍贵的童心；懂得等待，用一片赤忱期待每一颗种子依着时令，发芽生长。用一只小小的青蛙，构建班级文化特色，架起师生自在交流互动的桥梁，一只只手绘的萌蛙出现在班级生活中，用师者的童心、爱心、真心和创意之心绘就。在教育教学的工作岗位之上，在平凡且普通的日常工作中，常抱持"日日是好日"的心情，努力散发自己的光亮。平凡中的光亮，是许多老师的写照，而我也是其中的一位。

2012年，从大学的校园走向三尺讲台，带着晓庄学院创办者陶行知先生的那句"捧着一颗心来，不带半根草去"的真知灼言，我成了溧水区实验小学的一员。在百年实小浓厚的教育教学氛围中，在每一个富有教育情怀的实小人的影响下，我在教育教学岗位上不断地成长与进步,在工作岗位的第八年,我仍记得我一直坚守的初心——"千教万教教人求真,千学万学学做真人",让教育真的发生。

作为一名中共党员,我时刻记得大学时在方山脚下递交入党申请时的郑重,在进入工作岗位后,我亦不敢忘记要忠诚党和人民的教育事业,全面贯彻党的教育方针,注意加强师德修养,遵纪守法,严于律己,以身作则,坚守着为人师表、教书育人、立德树人的真谛。

作为一名班主任,八年来,我一直坚持在这一能够更贴近孩子的岗位上。当班主任是幸福的,幸福在你俯下身来看到孩子们纯净的眼睛时,幸福在你感受到孩子们对你的信任与爱时。班主任的幸福更在于参与到孩子们的成长,看着他们从稚嫩的小苗长成朝气蓬勃的小树,幸福便油然而生。每次谈及孩子们,我总能感到明媚的幸福。在班主任工作中,我也多次获得校"优秀班主任""特色班主任"的称号,亦被评为溧水区第二届德育优秀青年教师。我时刻要求自己做一个智慧的班主任,做一个有爱的班主任,更多地去了解孩子们,感受他们的心灵世界。我还坚持用专业的知识提升自己,用积极的思考激发自己,积极参与研修培训,阅读教育教学论著,如雷夫·艾斯奎斯的《第56号教室的奇迹》、管建刚的《一线带班》、黄静洁的《学习的格局》、谭琦的《日本国立小学365天》等。阅读让我看得更高更远。与此同时,我也积极撰写德育论文、案例叙事等,不断反思,让我更科学更有格局地去担任班主任,助力孩子们的成长。

在这个特别的寒假里,疫情使得教育的场域发生变化,但"停课不停学",学习的脚步没有因此而停下。我始终关注假期孩子们的心理健康,通过布置有趣且有意义的各项活动,结合安全教育、劳动教育,通过晒一晒、评一评的方式,让孩子们在网络的一端,依然能够通过各项活动不断提高自己的认知,增长自己的能力。除此之外,我还组织孩子们参加线上的"童心战疫"等活动,让孩子们在实践中收获自信和认可。为了打破场域的局限,更准确地了解孩子们的情况,加强与学生的沟通,我通过视频聊天的方式,和孩子、家长积极做线上沟通交流,不让距离阻隔教育的温度。

在疫情期间,我积极担任线上作品审核的志愿者,参与全市小学生的作品审核,认真撰写新闻稿件,记录宣传抗疫期间的人和事,我认为能够坚持在平凡的岗位上深耕不辍亦是一种力量。

如果一位人民教师,能够努力从平凡中生出一种底气,面对琐碎而寻常的班主任工作,懂得担当与付出,不舍、爱与尊重,当不断前行之时,能够抬头看看皎洁的月光,看到美,发现美,那么在平凡中发光发亮的人,应该也是美的吧!

与星星们陪伴成长

彼时,此时。四年,是相互陪伴、共同成长的一段珍贵时光。作为一班的班主任,也只是一位很普通的班主任,却遇到了不普通的他们。用一段讲述去记刻时光,是心声,也是抵达之后的继续前行。

鲁洁教授曾说过:"德育是最有魅力的。因为德育面对的是人而不是物,即使是物,我们也要显示它背后的人,显示它与人的关系;它面对的是一个个有血有肉的人,是人心,而不是抽象的概念化的人和冷冰冰的理性;它面对的是人的向善之心,它展示的是人对美好生活的向往和对美丽人生的追求。"

谢谢你,我的小孩儿。

办公桌上,挂满了他们赠给我的画,明信片,小卡片,粘土的小桃子(因为我的宝宝小名叫桃子),还有一瓶来自冬天的蜡梅,枝干上缀着颗颗花骨朵,定格住了那段属于过去的时光。目力所及,点滴汇聚,又渐渐铺陈,我在想我和我的孩子们到底有哪些故事可以说,可最想说的却是一句"谢谢你,我的小孩儿。"

谢谢你陪我在下雨的时候去看学校角落里的那株蜡梅,告诉我"墙角数枝梅",这是多么的应景;谢谢你,在看完梅花后依旧惦念,去山中采了更盛放的蜡梅,将凋落太急而化作裙裾的暗香浮动赠予我。因为有你们才有那么多诗意的栖息。

谢谢你们,在我去年刚休完产假,慌乱地拥着一个新的身份重新回到班级时,你们的盛大隆重,让我觉得自己被宠成了公主的样子。虽然我是妈妈了,应当更有力量和勇气了,可是你们还是让我拥有一颗少女心。

六一儿童节,我没有给你们准备礼物,可是你们却提前给我准备好亲手做的毛毡挂件,祝我"十八岁的容颜,十八岁的心灵"。是啊,因为有你们,我可以变得像一个小孩儿。

也许我的六(一)班和其他的班级一样,并没有什么太多的不同,可是正如小王子的玫瑰花一样,因为陪伴、因为付出、因为我们共同度过的时光,所以才会有我眼中的意义非凡,这些不同或许很多都是我主观认知上的不同,所以也特别感谢大家的聆听,让我有机会和大家说一说我的六(一)班。

我们班还有一位班宠——大眼萌蛙。

我们班除了各位任课老师,五十名同学之外,还有一位班级常驻成员,它陪伴了我们四年,是一只名叫"大眼萌蛙"的青蛙君。

用一只手绘的小青蛙,拉近孩子与自己的距离,构建独属于萌蛙班级的班级氛围,我正在用我的创意给班主任工作涂抹上属于自己的独特色彩。当第一只青蛙出现在作业本上,拿到的孩子露出惊喜的神色,虽然和星星的符号代表一样的赞赏,可是这个第一次出现的小家伙是从未见过的。它有着大大的眼睛蹲坐在那儿,告诉你,你做的"呱呱叫"。再后来青蛙成为大家期盼的萌蛙,写作业有了动力,翻开作业本有了期待。慢慢地,大眼萌蛙就融入了我们一班。它也渐渐有了更多的故事,更多的造型。

它从最初的语文教学上的一种表扬,渐渐融入了我们的生活学习之中。青蛙成了班级的一员,是具有特殊情感的存在。一只萌蛙,是表扬,是沟通,是鼓励,是期待。后来的萌蛙,真正成了我们班的班宠,被孩子们赋予了更多的含义,也与我们每一个一班的成员结下了不解之缘。

每一只有造型的青蛙都会引来我们的会心一笑,是的,那是我们一班特有的青蛙。六年的时光,我们渐渐了解到我们的伙伴,知道了他们的乐趣,他们的特点,他们那些众所周知的"小秘密"……路路笔下的班级众蛙像,让我们惊叹不已,让我们爱不释手。我们将它设置成班级电脑的桌面,因为这是我们最为特殊的纪念。

小小的萌蛙,被赋予了我们班级每一个成员独特的个性特征,因为这些可爱的萌蛙,我们更能够具象化地看到他人眼中的自己,也学会了去了解他人。美好的事物,总会在不经意间影响着我们,在萌蛙的陪伴下,我们更热爱着生活中的点滴,也乐意去发现和创造生活中的惊喜和美好。

我认为有意思比有意义有意义多了。

一直喜欢一句话"有意思比有意义有意义多了",虽然读起来很绕口,可是,也正是我对孩子们的期待。而他们也是一群特别有意思的孩子。

当我看到他的作业本上记录着"读《空气》无限分钟"时,虽然很无奈,可是也对他把发呆这件事描述得这样清奇而表示佩服。他给我画的青蛙头上添上两把刀,吐了一地血,我气愤地给他留言:"以后不给你画了!"他隔天回复我"看情况",其实修正带前面藏着两字"随便"。可是就是这样一个看似很不尊重老师的小孩,每次在挨了批评以后还是会故作轻描淡写地和我说再见,还是会认真地想去做好自己不想做的事,这样的小孩儿,是有意思的小孩儿,少一点苛责,其实他们很可爱。

班里还有不作声却特别爱幻想的她,我称她为"爱丽丝"。她也有意思,她说"读书到底是为了什么?也可以不为什么,只是单纯地为了读完之后的那种愉悦与美好。"不为什么去做,真的特别好。

我们班级的墙上有一大幅手绘,紫藤萝瀑布倒垂,接天莲叶无穷碧,远处的群山如黛,白鹤入云,小桥流水,还有一婀娜的背影,虽然和她们表示了极大的不满,非常嫉妒,可是这样有古典气质的数学老师入画中,也不得不服。她们利用闲暇时间做这样有意思的事情,我找不到理由阻止,甚至要和她们一起画一画,尽管她们只安排给我题诗的任务。而在这之前,她们已经画了一版,觉得不好,又重画了。那时她在画桃花几枝,恰巧学校的放学音乐响起,正是《桃花缘》,我偷偷地拍下来,只因那样的情景太打动人。

她们把我们的牛皮纸盒拿去装饰,成了最独家的定制。

我为她们的才情折服,更欣赏她们悦纳自己,同时又愿意把掌声送给别人,欣赏他人的情怀。那次,她们担任小老师,上了一节特别精彩的数学课,其中一名女生内向,只是负责点课件,并没有多言语,最后的评课,孩子们给了她们热烈的掌声,也给安静的她提意见希望她能够多多讲述,大胆一些。当天,另一个她写出了动人的文字,告诉我们这一堂课的成功是来自她们的共同努力。我将简评拍下来,发给朱老师,这样特别特别好的孩子,给予我们太多的感动。我将朱老师的话转述给孩子们,"不刻意表现自己,但默默地给予爱和力量",这样的她们,真的太好太好。我也多庆幸,遇到了让我都嫉妒的数学老师,让我羡慕的自信开朗的英语老师,更多的是情怀的传递,和相同教育教学理念的认可。

还有许多许多在我心中留下来的故事,一谈到孩子们,就各种瞬间都涌动出来,像是星海的凝聚,散发光辉。一直,我做的只有陪伴,还有一些理解,觉得他们是最好的小孩儿。最后,用我们班诗人影子的诗结束故事:

我喜欢把天上的星,
全部叫作

星星。

天空

是另一个国度。

星星,

是一个个子民。

它们一个个

靠在一起,

却没有一个

挤到别人

……

【从教感言】

  在教育岗位上的岁月将成为我最难忘的时光,我会一直秉持初心,牢记陶行知先生的"千教万教教人求真,千学万学学做真人"的谆谆教诲,带着爱与责任一直走下去!

晓庄，梦开始的地方

殷 雯

【校友名片】

殷雯，中共党员，一级教师，2012年毕业于南京晓庄学院，任教于南京市科利华小学。

从事小学数学教学十年来，认真钻研课堂教学，开设各级各类公开课、讲座十余节，多次获得南京市论文比赛一、二等奖，主持过多个市区级个人课题。先后被评为"玄武区优秀青年教师""玄武区优秀教育工作者""玄武区优秀班主任"称号。

有着严谨踏实的工作态度、幽默风趣的教学风格，深受学生的喜爱，是学生们眼中的"全能大姐姐"。

回忆母校，树立榜样

在晓庄求学的四年是我人生中最快乐的四年。晓庄的老师们工作认真负责，为每一位晓庄学子的专业成长打下了坚实的基础。在学校里我也结交了很多新朋友，我们互帮互助，一起成长，这些都成了我们的美好回忆。

不得不提起的便是老校长陶行知先生了。还记得每幢教学楼都有陶行知老先生的名言名句，我印象最深的就是"捧着一颗心来，不带半根草去"。工作十年来，我一直用这句话勉励自己，也让我明白教育行业最需要的就是奉献精神，教师需要注重每一位学生的学习、成长，甚至是要把他们当作自己的孩子，给他们足够的关爱。

  在学校里我印象最深刻的是刘娟娟老师，大三的时候她教我们小学数学教法这门课。刚入校时，就已经对刘老师有所耳闻，并期待着与她相见相识。那时学姐学长们都亲切地称她为"女神"，"女神"这个雅称相传至今。刘老师身材高挑、面容姣好，给人亲切、温暖的感觉，第一次见面我便被她的个人魅力所折服。她不仅在教学上指导我们方法，还在生活上关心备至，在我眼里她更像是朋友、家人。毕业十年了，我跟刘老师一直保持联系，她是我教学生涯的榜样。

  现在每当别人提起晓庄，我都很自豪地说自己是晓庄人，以及想起那句熟悉的话"晓庄——梦开始的地方"，大学四年的时光历历在目。

选择师范，坚定决心

  我想我选择师范有很大一部分是受我的老师影响。在中学年代对我影响最大的，是我高中三年的班主任孙国言老师。孙老师虽然不苟言笑，却能将枯燥乏味的古文讲得生动有趣，让我体会到了古文的魅力。尽管我的语文成绩并不突出，但特别喜欢他的语文课，每天期待着语文课的到来。最让人受益终身的是孙老师传递给学生的价值观，能让学生有良好积极的心态。面对高考的压力，很多学生都十分迷茫，不知道未来何去何从，有的人在几次模拟失利之后就败下阵来。可孙老师总是能在学生最失落的时候晓之以理、动之以情，给予我们巨大的精神力量，让我们在一次次失败后又振作起来，向着梦想全力出发。

  其次便是因为对师范专业的热爱了。爱因斯坦曾说："我认为，对一切来说，只有热爱才是最好的老师，它远远胜过责任感。"正是热爱给足了我力量，让我实现了教师梦。一直觉得站在台上讲课的老师是伟大的，他们传授知识，给学生关爱，或许他们已经成为学生们另一种意义上的家人。教师行业的伟大、无私深深吸引了我，让我在心中种下种子，今已发芽。

  正是孙老师带给我的正能量和我本身对行业的热爱，让我体会到"教书育人"

的成就感,我便立志以孙老师为蓝本,立足三尺讲台,播撒知识的种子,传递向上的力量。

任教故事,感动人心

曾有人说:老师对自己的第一届学生感情最深,我想是的。我任教的第一届学生,担任他们的班主任,也是我唯一当过班主任的班级,我称他们为"小漂鸟"。刚工作的我也就比他们大十来岁,他们亲切地就像我的弟弟妹妹一样。

23岁生日那天,刚走进教室,一份份神秘的礼物展现在我的眼前,"殷老师,这是你的美食券,可以品尝我做的水果沙拉","这是你的按摩券,可以享受我的10分钟按摩"。原来,学生看我那段时间工作太忙,在语文老师的组织下,为我准备了特别的生日惊喜。我一张一张地翻阅着,看到最后一张的时候,眼泪忍不住地落了下来。刚任职的我人生地不熟,平时很忙也很累,甚至会自我怀疑,会动摇,我会思考这究竟是不是我想要的生活。但这一刻我深深感受到作为一名教师的幸福,孩子们炽热而真挚的情感,让一颗异乡漂泊的心有了温暖的港湾,我释怀了,平时的劳累都得到了回报,这就是我想要的生活!

毕业后我和他们一直保持联系,今年他们高考结束后,我还请他们聚餐,庆祝他们金榜题名。其中一个孩子想选择师范专业,我向她推荐了晓庄,虽然最后没能来到晓庄,我感到很惋惜。

眷恋晓庄,寄语母校

近年来母校的飞速发展有目共睹,为社会培养了一大批优秀的教育工作者。晓庄一直坚持坚守初心、立德树人的理念,打造教师教育鲜明特色。学校也进一步解放思想、凝心聚力、勇挑大梁、真抓实干,奋力建设教师教育特色鲜明的高水平大学。

近年来晓庄大力弘扬行知精神,传承师范传统、行知文化,弘扬以"大爱、奉献、担当"为内核的晓庄精神。优秀文化的传承、文化形象的提升,全面提升了校园文化的建设水平。同时也开展了许多行知精神、晓庄英烈精神宣传和教育,从而加强了校训、校风的内化与外显,充分发挥了教师教育优势,立足师范特质,打造师范文化。

虽然我离开校园已久,也许教学楼翻新了、食堂的菜谱更新了、宿舍改造升级了,可永远不变的是我作为晓庄人对母校的眷恋。晓庄是一部永不完稿的诗集,祝福母校越来越好。

【从教感言】

2012年的夏天,玄武湖畔,湖光潋滟,荷香阵阵。我走进科利华小学,校园静好,桂花点点金黄,馨香袭来,我的教学生涯即将在这样美丽的地方起航。

多年的班主任工作,我熟悉了叮铃铃的铃声,习惯了高频率的运转,将自己所有的青春热情注入孩子们的成长中。课上,孩子们跟我讨论数学问题,思维的碰撞,激烈而有趣;课后,孩子们跟我倾诉成长的烦恼、分享生活中的小快乐,我用心倾听,再用笔写下无声的教诲,润物而无声。

我记得,春暖花开,我和孩子们去春游,第一次鼓起勇气,颤抖着双手,给小朋友的伤口消毒;还记得,夏日炎炎,我跟孩子们一起走上城墙,为青奥会加油助威;还记得,秋风习习,我带着孩子们在玄武湖畔席地而坐,上了一节别开生面的数学课;还记得,白雪皑皑,我组织学生在教室里包饺子,在热腾腾的饺子中迎接新的一年到来。

岁月更迭,四季轮回,十年的时光转瞬即逝,教育的浪漫萦绕记忆的每一个角落,弥漫在生活的每一缕空气中,并且持续散发着魅力。

不忘初心,为站稳讲台而奋斗

俞丹霞

【校友名片】

俞丹霞,中共党员,2012年6月毕业于南京晓庄学院小学教育专业(理科方向),现任南京晓庄学院顶山实验小学数学老师。

参加区青年教师基本功大赛获二等奖、区优质课比赛二等奖、区辅导员风采大赛二等奖;所写论文多次获得省市区奖项;所带班级曾获区"优秀班级"称号;先后荣获浦口区"优秀班主任"、江北新区"德育优秀青年教师"等称号。

2012年8月,我怀揣着美丽的梦想,来到了浦口新城实验小学,踏上了这条充满希望的阳光之旅,和这所学校共成长。一路走来,虽有山重水复疑无路的困惑,但更多的是柳暗花明又一村的惊喜。十年来,我更加热爱教师这一平凡而又充实的职业。

初出茅庐,良师为伴

2012年8月—2016年6月,职初四年,我是一个忙碌而焦虑的老师,有点像热锅上的蚂蚁,我没有目标和规划,我只是简单地手抄着教案,没有思考,填鸭式地完成每天的教学任务。

学生们在我的教导下，学得很累；虽然对于学困生，我舍得花时间陪伴他们，但是效果甚微。学生的成绩迟迟没有起色，一直深深地困扰着我，以及课堂组织管理乱糟糟，更是让我觉得自己非常不适合这个职业。这样的消极心态更是让我产生了职业倦怠感和自卑感。

但幸运的是，职初四年中，我遇到了一批良师，她们都是这个学校里一群平凡但很有方法、很有经验的中年教师，她们有的是我的同班搭班语文教师唐玲妹、丁月琴、荣华老师，有我的数学教学引路人李有军老师，每每在我沮丧难过之时，她们就像一束光一样指引我向前进。她们用行动和爱心向我展示了什么是"学高为师，德高为范"。用爱心、细心、耐心、责任心去对待这份工作，不要以功利心去衡量自己做得好坏。渐渐地我放下了得失心，仔细观察这些良师们如何和孩子们交往、如何管理班级、用什么样的方式能让学生上课专注力更好，而这些良师们也毫无保留地用她们敬业的职业态度教导我。

对于这个时期的我，总是在否定自己，直到近年有一次在菜场买菜，遇到一位家长，她告诉我："俞老师，孩子这么多年的老师里，我对你印象最深刻了，因为这么多老师里，只有你舍得陪着孩子慢慢地学。"听到这番话后，我想教育就是一种互相陪伴，你陪伴着学生，良师陪伴着你，大家都在不知不觉中有了成长。成长的记忆也许是苦涩的，但回味却是甜丝丝的。

肩挑重任，边学边干

2016年9月，新学期开学，我迎来了我的2016届新生，我的教学任务是一年级1个班班主任及2个班数学教学，因为之前良师们的陪伴与教导，我开始在教学工作上变得得心应手，找到了工作的信心。但没想到半月有条不紊地工作下来，我被校领导喊去谈话，我心想自己才接受新班级，应该没有工作上的失误。到了校领导办公室之后，才知道，校组织决定聘我暂代学校大队辅导员一职，我目前的教育教学工作任务照旧。我已不记得当时自己说过什么，只是点了点头默认了。当时是让我暂代"大辅"，而且我还是一年级班主任，因此对于我的办公地点，我向学校申请了留在一年级班主任办公室。对于"大辅"工作，我真的就是小白。但接到这次重任，我倒没有特别的焦虑，虽然是小白，但想只是暂代，时间过得很快的，十一月份，同事休完产假，我就不需要继续这份工作了。但不久我就接到了第一个大任务，操办建队节活动。俗话说"勇者无敌"。在德育副主任的帮助下，我上网借鉴了相关活动方案，了解该活动流程，制作了学校活动流程，训练旗手和大队委，在当天算是无差错地完成了此活动任务，当时给我最大鼓励的是校长刘宗贵，他是多年的老大队辅导员，他亲自上台示范了中队旗手如何出旗、执旗。这次活动之后，私下偶遇他，也是常常鼓励我，好好干。

从那之后，对于这项突如其来的重任，从大队部的每日常规、每周常规、每月常规工作开始，我边学习边带领各中队辅导员干，从活动方案的制定到活动彩排，从活动实施到活动总结，先是在德育校长姚玉梅的带领下安排活动任务，到后来，就开始制定计划，有条不紊地把常规和特色活动相结合，不知不觉，这项工作任务我坚持做了两年。这是一份很有成就感的工作，就算是一次小小的升旗仪式，都要很用心很耐心地训练学生，所有动作的规范性都是需要参与其中的学生和老师付出大量汗水的。

这两年，随着工作量增多，我的成长也是飞速的，在德育这个领域，我积累了很多的工作经验及工作成绩，因此我获得了江北新区第一届"德育优秀青年教师"称号。原本以为自己后面会一直坚守在这个工作岗位上，但2018年9月，我又迎来了新的挑战，我成为一位行政管理教师，分管学校青年教师发展工作、校本研修工作及教育科研工作。对于这项工作，我当时有误解，没有认识到工作的重要性及难度性，我又成了小白。我性格偏内向，不太爱表现自己，但是我愿意接受这项工作。当时，学校有一项省级规划课题需要结题，但是原课题的所有负责人因工作调动原因，都离开了学校，所以这项结题任务非常严峻。我在区领导的帮助下，写完了结题报告，但很遗憾最终没有完成结题任务。这让我意识到教育科研工作，不是一种结论性的工作，而是一种过程性的工作，需要课题主持人及参与人真实践、真总结。这一年总在加班中，似无所获又有所得。这项工作，让我在思考问题时开始逐步形成大局观，考虑更多的是我的工作如何能促进学校及教师发展。但仔细反思自己这一年的工作过于表面了，没有很好地计划。因此，我觉得想让自己走得更远，需要换个环境，去看看其他学校的管理模式及规章制度。2019年5月，在得知母校南京晓庄学院和新区合作，并接管浦口新城实验小学时，我欣喜又激动，最后我依然选择了流动机会。以上三年的特殊工作经验，虽然获得了一些工作成绩，但是在教学技能提升方面,我觉得自己是有限的,一直在行政管理岗位上,不适合自己的职业发展,一个老师还是应站稳讲台。

榜样引领,稳步发展

2019年9月,我交流到了百年老校浦厂小学,在这里工作的三年,我依然从事和教育科研有关的行政工作,并从事学校的宣传管理工作。对于我来说,又有了新的挑战,为了更好地完成新闻宣传工作,我自学了新媒体微信制作及校园网络管理,于2021年获得区"优秀宣传干部"称号。教育科研方面,主要负责校园文化建设,一个学校只有具有自己的特色文化,走出去才能真正地被人看到,才能有持续发展。在校领导的支持与帮助下,在2021—2022学年,学校的各类教科研项目有了一定的突破发展,区"十三五"规划课题结题、市"十四五"规划课题重点项目立项、校美育建设案例获省一等奖、校特色项目获区培养对象,我个人的教科研也获得了一定的成绩,个人课题获市立项,论文案例每年均在市区获奖。

在浦厂小学工作期间,影响我最深的是老特级教师贾春华老师和年轻的陈志校长。

贾老师虽已70岁高龄,但她一刻也不愿离开学校、课堂和孩子。在"双减"背景下,贾老师为一年级学生开发了古诗手势舞特色课,还主动承担特色课课堂展示,用各种丰富多彩的形式激发学生的学习兴趣。因为热爱,所以只要进入课堂,她就是热情洋溢的状态。

陈志校长是一位85后年轻校长,虽然年轻,但她爱学习、能吃苦、善研究的精神无不感染着我们青年教师,她眼里和心里装着学生,处处都想为学生创造一个属于儿童的特色天地,她希望所有的孩子都能被看见。这让我深深地体会到,和优秀的人在一起,你自然也会变得优秀。

十年的教育工作生涯,我依然觉得有些遗憾,遗憾自己没有牢牢地站稳讲台,没有获得学科称号,教科研方面关于课堂的研究也不够深入。于是我又重回南京晓庄学院顶山实验小学,带着准妈妈的新身份,为孩子们做好榜样,把陶行知先生的"教人求真,学做真人"作为我今后一直努力奋斗的目标。

【从教感言】

　　从教十年载,弹指一挥间,践行使命,诲人不倦,虽苦犹甜,无怨无悔。德国著名哲学家雅斯贝尔斯说:"教育的本质是一棵树摇动另一棵树,一朵云推动另一朵云,一个灵魂唤醒另一个灵魂",用爱心感召情感,用智慧浇灌心灵,用知识打开科学之门,是我作为一名教师最快乐的工作。十多年前在晓庄立下的梦想,如今已经生根发芽,我愿用一生去播种教育的种子,某一天,它必将绽放。

教育是点燃一把火

周秋月

【校友名片】

周秋月,小学数学教师,南京市建邺区优秀青年教师。2012年毕业于南京晓庄学院小学教育专业。

"十年前初入职时,我就站在学校长廊下诵读'教师誓词'。从那时起,我就认定自己是要为教育事业奉献一生的人。'热爱教学,投入教学,思考教学',更多地让'教学'成为日常工作的重心,是我的教学理念。"

教育是严谨

刘娟娟老师认真严谨的治学态度深深地影响着我。这些年在教育工作之余,我也常常在各种形式的教研培训活动中有幸听到刘教授的点评与讲座,每每此时,总觉得仿佛又回到了大学课堂。因此,严谨教学的理念就深刻在我的心中,并且我也在工作中付诸行动。新时代对教师提出了更高的要求,不仅仅是对教师队伍学历提出了更高要求,更是对综合能力、学习能力要求的提高。教师自己要有终身学习的能力,在陪伴学生成长的同时,也要不断地充实自我,这样才能更好地立稳讲台,成为学生的良师益友。

陶行知先生说"捧着一颗心来,不带半根草去",说的就是奉献,对教育工作付出努力,对孩子付出责任和爱心。有了这样的精神,不管你在哪里,都能坚守在教育教学工作中。其次,我觉得作为一名老师,还需要有耐心。面对不同的孩子,我们需要蹲下身来看孩子,和孩子一起成长。面对不同的孩子,我们要去关注每一个孩子不同的细节,从细节当中去了解孩子的日常,从而更好地进行我们平时的教育教学。所以,一名优秀的师范生,需要培养和拥有爱心、耐心和细心。有了这三心,他未来的教育教学生涯一定是突出的、辉煌的,而且富有成就感的。

教育是探索

经历了两次新课标的更迭,学生的学习方式逐渐从单一、被动转向自主探索与合作学习,在课堂上,学生的主体地位愈发突出。平时我会经常组织活动,学生们在互动的过程中,锻炼了表达和实践能力,同时增强了班级凝聚力。学生作为有着丰富个性的完整的人,很多学校也在不断探索能够激发他们主动性的教学模式,我们学校的新"小先生"制就是如此。教学生活中,不只有我们老师在探索新知,学生也在探索学习方法,学生给我的惊喜比较多,他们能够主动地把前面所学的知识迁移到解决新问题中。

比如我的一次课堂上,课本上有一个把方形湖泊扩建成原来面积两倍的问题,我带领学生们解决了这个问题后,鼓励他们自己探索,他们主动地研究出了菱形面积的计算方法。

在晓庄,我能感受到陶行知先生的爱满天下的理念,这让我在今后做老师的时候,也能够尽量地将这种精神付诸实践。其实真正在做老师的时候,我会遇到一些这样或那样的问题,而这些问题是我们在课本上的理论中学不到的,实践出真知,我们要通过在学习生涯中所学的内容,再结合自己生活中的实践经验积累,这样有利于我们在很多事情上做得更好,既有理论的智慧,也能够在实践中有的放矢。

不进则退,进入教学岗位后,我也没有停止前进的步伐。我撰写的多篇论文案例获市区级一、二等奖,参与省前瞻性项目并顺利结项,主持多个个人课题并结题。只有自身不断提升,才能适应如今中国逐步完善的教育大环境。在晓庄的学习时光是一段宝贵的探索自我的历程,在工作岗位更是同理。我珍惜大好的学习时光,不断锤炼自己的教育教学技能,让未来的自己成为名副其实的大先生。

教育是关爱

曾经有个学生腿骨骨裂在家休养了好几个月,那时候网络资源的应用没有现在这么普及,我和配班老师轮流定期去学生家中交流居家学习情况,保证学生时刻跟上教育进度。还依稀记得暑假前,孩子们都很激动,因为我自费请学生们吃西瓜,除了学习上的老师,我亦是他们的益友。

班级里的一位女生,总是喜欢乱丢垃圾,多次提醒无效后,我改变了她的值日任务,变成了负责某两组的地面卫生,同时,我也不时帮助她和她一起打扫,提醒她一些应该注意到的事项,告诉她什么应该做,什么是她的分内之事,慢慢培养她的责任意识,增强维护集体荣誉的意识,也锻炼了她的劳动能力。在这段经历之后,她成了本中队的卫生督察员,还常常指导其他队员应该如何打扫,如何维护。看到这个女生打扫的小小背影,我倍感欣慰,永远没有本性坏的孩子,只是没有他人的正确指导。

同时我认为,教育不只是教知识,也是教做人。临近母亲节,我会组织学生给妈妈写贺卡、自制刮刮卡给妈妈惊喜。学生们个个都很积极,眼中泛着光,卖力地想给妈妈们做出最好的贺卡。后续反响很好,收到孩子们礼物的妈妈们都感到惊喜与感动。

其实,作为一名老师,什么都可以缺,唯独不能缺了爱心。老师只有付出爱心,才能赢得学生的喜爱和发自内心的尊重,无论时间过去多久,这种情谊始终牵挂着师生彼此。关爱学生、引导他们走向正确的道路,是我毕生的追求。

【从教感言】

"教育是点燃一把火",这是诗人叶芝说的——"教育不是注满一桶水,而是点燃一把火。"在教学中,不仅仅是学会某个知识点,而是让学生学会思考,激发主动学习、不断探索的意识,能够主动地在浩瀚的知识海洋中汲取力量。

心中有爱,教育有方

彭青美

【校友名片】

彭青美,2013年6月毕业于南京晓庄学院小学教育专业(语文方向),现任阳江中心小学本部校长,代分管学校德育工作,兼教科室副主任,中共党员,中小学一级教师。

自2013年8月工作以来,被评为第十届南京市优秀青年教师、市教育系统师德先进个人、南京市优秀团支部书记、区教育系统优秀共产党员、区优秀教育工作者、区中小学教学先进个人等。从教9年来,撰写教育教学论文、案例(叙事)在区级及以上各级评比中获奖近40次;9个市区级课题结题或在研;参加区级及以上各类竞赛近30次,承担区级讲座11次,执教各级公开课30余次。

自参加工作以来,我勤恳踏实、爱岗敬业、孜孜不倦、努力钻研、任劳任怨、无私无悔。我时刻严格要求自己,把爱心撒在学生稚嫩的心田,把团结融在领导同事的行列,把奉献留在学校的每个角落,得到了领导、同事、学生和家长的一致认可。几年来,我被评为市优秀青年教师、市优秀团支部书记、市师德先进个人、区优秀青年教师、区教育系统"优秀共产党员"、区十佳少先队辅导员、区中小学教学先进个人等。

恪尽职守，敬业爱岗

从事教育教学工作以来，我忠诚于中国共产党的教育事业，教书育人，诲人不倦。我时时以一个优秀教师的标准要求自己，热爱学生、团结同事，工作勤勤恳恳、兢兢业业，坚持出满勤、干满点。正因为我的优异表现，工作第三年就被调入德育处担任行政工作。在此期间，我曾多次策划、主持学校的大型活动，如"若水教师表彰活动""一年级入学仪式""三年级成长仪式""六年级毕业典礼"等，均获得了学校、社会的一致好评。

作为团支部书记，在党总支的领导下，完善团支部组织架构，规范开展"三会两制一课"等组织生活，持续开展践行社会主义核心价值观活动，抓实团员青年思想政治引领，陆续开展"青年踊跃创作凝聚战'疫'正能量""团员先锋的线上战疫""讲党课颂党恩"等系列主题活动，促进思想道德教育再提升。

作为学校宣传小组的组长，我从零开始逐步摸索，建立了学校微信公众平台，为学校的宣传工作添砖加瓦。2020年新冠肺炎防疫期间，怀孕七八个月的我仍然主动承担宣传重任，带领宣传小组成员多次去到各村小搜集校园防疫资讯，及时进行防疫宣传，为校园防疫工作贡献自己的力量。

2020年8月，产假未休完，我就早早响应学校需要，提前上岗，并在办公室主任一职空缺之际，服从学校安排，担任办公室主任一职。因有家人生病，二胎宝宝在溧阳由我母亲照顾，哺乳期的我每日往返2个小时，却依然不曾迟到一天、不曾请假一天，教学工作和行政工作都完成得很好。

心中有爱，教育有方

教育是爱的事业，教师是爱的化身。"你是我遇过的最好的老师！""老师，你怎么这么好啊！"……孩子们总是围在我的身旁不厌其烦地表露心声，即使不善言辞的孩子一旦见到我也会情不自禁地露出甜甜的微笑，我凭借真诚的爱悄无声息地走进了孩子们的心里。

2016年8月，我主动接手了当时全镇倒数的薄弱班级——四（4）班，与此同时,我还被调入德育处承担部分行政工作,事务琐碎繁忙。面对如此局面,我没有任何抱怨与不满,而是冷静分析现状、学情,积极思考应对方法。从四(4)班到六(4)班,这两年多的时间里,我带领孩子们徜徉在语文知识的海洋里,在享受中遨游,在遨游中成长。漂流日记、"五四心声"朗读展示平台、与 UMU 平台结合的前置性学习单、思维导图等等,我一直在思考、创新、实践、反思……在"爱"与"方法"的双重引领下,原先的薄弱班级慢慢蜕变为在全镇名列前茅的优秀班级,而我的教育教学水平也得到了同事与家长的赞誉。

以诚相待,手有余香

作为一名人民教师,应该树立虚怀若谷、海纳百川的思想,要加强同事间的学习和交流,实现共同成长。因此,对待同事要诚心,这是我做人一贯的原则。

"我们每个人的成长之路上都少不了别人的帮助,对于那些帮助过我们的人,必须好好珍惜,那是我们人生中的一笔宝贵财富。"感恩别人的同时,我也在竭尽自己所能去给予别人帮助,无论是谁,只要同事有需要,不论年纪、不论学科,我都能毫无保留地提供自己的助力。赠人玫瑰,手有余香,我总是说:"我们的眼光一定要放长远些,帮助别人的过程,其实也是自己在积淀的过程,互帮互助,一起成长,这不是很美好的事情吗?"

因此我主动指导和带动其他教师,帮助青年教师快速成长起来。

严于律己,致力成长

问渠哪得清如许,为有源头活水来。我坚持以科研为课改的动力和方法,注重研究语文课改的新情况、新问题、新经验,注重探索语文课改的新路子、新方法,积极构建高效课堂,工作以来,我获取了累累的硕果:

有 30 余篇教育教学论文、案例(叙事)在区级及以上各级评比中获奖;个人主持 4 个区级课题、参与 2 个市级课题顺利结题,2018 年个人主持的市级课题顺利结题并荣获南京市一等奖,另有 1 个市级、1 个区级个人课题正在研究中。参加区级及以上各类竞赛 30 余次,均获得优异的成绩。此外,还开设区级讲座 6 次,执教市级公开课 4 次、区级公开课 6 次、镇级公开课若干次。

【从教感言】

"衣带渐宽终不悔,为伊消得人憔悴。"情注杏坛育桃李,是我不变的信念;爱沐众生乐奉献,是我无悔的追求。

行为世范 为人师表
——记南京市汉江路小学彭誉慧老师

陆佳贤

【校友名片】

彭誉慧,2013年6月毕业于南京晓庄学院小学教育专业(数学方向),现任南京市汉江路小学数学教师兼班主任。

曾在国家级"一师一优课、一课一名师"活动中获部级优课奖;在鼓楼区数学学科教师教学竞赛中多次获一、二等奖;多次开展区级公开课、讲座和研究课等,备受好评;个人案例曾获区级一等奖;获鼓楼区学科教学带头人、优秀青年教师、先进教育工作者、优秀辅导员、优秀班主任等荣誉称号。

2014年彭誉慧来到南京市鼓楼区汉江路小学任职。作为一名经验不丰富的年轻教师,彭誉慧要做的就是虚心请教、无所畏惧。在工作的第二年,彭誉慧就要准备上一节鼓楼区级的公开课,第一次面对有一百多人听课的公开课,她的内心特别紧张。但是彭誉慧没有让紧张、恐惧打败她的理智与冷静。当她收到这一项任务后,便开始认真研究教材,不断思考,多次试教,邀请了有经验的老师来听课,根据其他老师们的意见修改后再试教、修改,经过多次打磨与她的不懈努力,在正式公开讲课时让听课老师们都响起了热烈的掌声。也许这节课还有一定的不足,但是只有不畏困难、不断思考与尝试才能取得进步。有了这次的经历与学习,彭誉慧在接下去的教学中更加游刃有余。

热爱可抵岁月漫长

彭老师为什么当初会选择从事教育这一职业呢?原因是:热爱!

那什么是热爱呢?彭老师说就是做这件事本身就已经是享受和奖赏,每天都会惦记着要给自己留这样一个时刻,不做就会不舒服,总感觉有什么事情没有完成。彭老师说她很喜欢跟小朋友一起经历学习的过程,见证每个孩子的成长就是她的快乐源泉。社会在不断进步,教育也在与时俱进,彭老师作为小学教师,对学生足够有爱心,对自己的教育职业有足够的热爱。彭老师认为无论社会如何发展,真正做到热爱这份职业、关心孩子成长与学习,这就是小学教师在新时期要具备的最核心的素养。

在多年的教师生涯中,每一次的上课讲解与教学实践让她更加深刻地理解到"师者,所以传道授业解惑也",彭老师在采访中感慨到她是何其荣幸教师这一身份,当然也就相当于选择了责任,这是对每一个祖国的未来、希望的责任。每天一声声清脆的"老师好"、一双双渴望知识的纯真无邪的眼神都在彭老师的内心留下了深深的印记,看着学生们收获知识与成长,她内心就对教师这个职业多一分敬畏与热爱。当被问到在接下来的教育生涯中的期许,她说:"我希望我的每个学生都能健康快乐地成长。""不必每一分钟都用来学习,但学习时的每一分钟都要有收获。我希望我的学生可以合理安排自己的学习与生活,注重劳逸结合。认真学习的同时要热爱生活,拥有一双发现美的眼睛。"

因为热爱,所以快乐;因为热爱,所以成长;因为热爱,所以坚持;因为热爱,所以精彩,所以成功。因为热爱,彭老师选择了成为一名优秀的小学老师。"这世间之大,对于我们来说选择千千万万,但唯有热爱可抵岁月漫长。"

最美的倾听者

"真正好的教学是从倾听开始的。当静静的'听'取代了滔滔的'讲',在课堂教学中处于优先的地位,'教师的倾听'成为教学的重要方式,学生学习的权利、话语的权利将得到应有的维护。教师越是虔诚地倾听,学生越是投入、专注地沉浸在学习中,'教师的倾听'便成为推动教学前进的力量。'教师的倾听'在优化教学的同时,还融合、柔顺着师生关系,学生自由言说,教师屏息谛听。'听'把师生相关在一个具体的情境当中,聚合在一个话语体系里,彼此同化、顺应,以至心心相印。"这是彭老师在她的教育类文章《教师作为倾听者》中写到的,是她在一次授课"克的认识"中所体悟感受到的。

叶澜教授说:"在平时的课堂教学中,教师问、学生答已经成为天经地义的常规,然而学生对提出的各种问题做出的不同回答,也并非与教师预设的完全一致,要学会倾听孩子们的每一个问题、每一句话,善于捕捉每一个孩子身上的思维火花。"只有耐心地倾听,我们才能了解到来自学生的真实的想法,从而做出正确的判断。彭老师耐心倾听孩子提出的问题,并把话语权交给孩子,让他们自己想解决的办法,这样避免了生硬的说教,充分运用好课堂中学生生成的资源,捕捉有价值的问题和闪光点,使师生受益匪浅、课堂教学更高效。

"教师的倾听"在优化教学的同时,还融合、柔顺着师生关系。教师的"听",恰恰是对儿童学习最妥帖的关注、理解和支持。心理学研究表明,人在内心深处,都渴望得到别人的尊重。作为教师,彭老师明白要对学生进行有效的教育,就必须尊重学生,倾听学生的心声,知道他们在想什么,做什么;什么样的事情可以让他们高兴,什么样的事情让他们忧愁;学习如果遇到困难,问题出在习惯上,还是方法上,抑或是心理上。所以她在了解学生时,放下教师的架子,平易近人,和蔼可亲,增加教师的亲和力,学会倾听,使其"亲其师,信其道"。

懂得倾听的教师,才能更好地成长,彭老师经历了课上的小插曲,也对"克的认识"这节课有了更深的认识。从这件事情以后,她深刻地体会到,倾听孩子们想法的重要性。也是从那以后,彭老师无论是在备课方面,还是课堂调控方面,她的教学观都有了新的改变。这也是彭老师在教师成长道路上的一笔宝贵的财富。

学会感恩：无私的支持与榜样的力量

彭老师在 2009 年 9 月到 2013 年 6 月就读于南京晓庄学院小学教育专业。当时彭老师的宿舍是 6 人间，室友们很友善和睦，在她竞选教师院年度十佳人物的时候，当时需要拍摄一个小视频，室友们陪彭老师策划了一整天，拍摄了两天，参与拍摄的同学和学弟学妹不下 50 人，最后热心的室友帮忙与她一起剪辑了整整一天，为彭老师最后取得院年度十佳人物称号做了很好的前期宣传工作。当时走在校园里，彭老师偶遇了她的恩师任其平老师，他也鼓励彭老师，为她准备最后的竞选演讲加油。有一大群伙伴一直不离不弃陪伴在身边帮助、支持她，还有自己尊敬的老师鼓励与赞赏，彭老师现在回想起当初的时光，仍觉得很美好、很温暖。

"青年的思想愈被范例的力量所激励，就愈会发出强烈的光辉。"同样，对于彭老师来说，榜样的力量是无穷的，当彭老师还是一名学生时，她也有许多令她敬佩、印象深刻的老师，其中影响最大的是她的教科研老师严开宏。严开宏老师的课堂风趣幽默，他的课堂氛围轻松又有趣，而且知识点也是梳理清晰并且讲解详略得当，总能在不知不觉中引导学生们投入其中。彭老师第一次听过严开宏老师的课后，就暗暗下定决心，在未来自己成为一名老师之后也一定要让自己的课堂既轻松愉悦又能讲得出彩。彭老师提到严开宏老师写的《小学教育研究方法》这本书时说到她在毕业之后也一直都有在研读，她说这本书为她工作以来的教学写作提供了很多研究方法的支撑，比如成功在南京市第九期和第十一期个人课题中立项并结题，在参与市、区级论文和案例比赛都取得了一、二等奖的好成绩。这就是榜样的力量！

对彭老师影响很大的还有刘娟娟老师，彭老师还可爱地称呼刘娟娟老师为"女神"。她说刘老师对每个学生都很关心，在她读大学期间，刘老师有几个月的时间在国外学习，但是即使是在有时差的情况下，当彭老师发邮件请教刘老师关于一些论文的问题，刘娟娟老师接到她的邮件也会很快回复，邮件里刘老师对她的论文提出来很多宝贵的建议，这很好地为她以后写各种文章、论文奠定了基础。刘娟娟老师很关注学生的基本功，经常为她的学生们创造锻炼的机会，而彭老师也通过上学时期的锻炼，提高了她的教学能力，为她入职奠定了很好的基础。彭老师也提到了她现在都和刘娟娟老师保持着联系,在教学中有困惑时也会第一时间想到刘老师,刘老师也会热心帮忙。

彭老师说,在他人给予帮助时,存一颗感恩的心。他们的帮助、支持与鼓励会成就一个更好的自己。

迎难而上,守正创新

在新时代教学领域的问题也层出不穷,虽然彭老师如今在教学上获得了许多的成绩,但是在她刚入职时也是彷徨和迷茫的,工作的忙碌和学校事务的纷杂让她不知所措,不过彭老师知道作为一名教育者她必须冷静地思考、面对与解决这些问题。彭老师说作为班主任,最大的挑战就是和学生以及家长建立信任,有时候家长们看待问题是片面的,他们会对老师们的教学方法有所质疑。所以只有建立起良好的家校关系,让学生和家长相信学校、相信老师,这样学生才能得到更好的发展。在几年的磨砺中彭老师明白了单单具有书本上的专业知识储备是远远不够的,还要有随机应变以及创新的能力。教育事业是一项面向未来的事业,要培养具有时代精神和创新精神的人。如果教育者自身没有创新意识,又如何去培养学生的纯洁品质和创新能力?

她说首先要定位自身的角色,教师已经由主导者转变为引导者。传统的教学方式主要是教师教、学生学,但是如今的教学方式要注重学生在学习中的主体地位,而教师变成了学习的组织者、引导者、合作者。传统观念认为教育的目的在于"传道、授业、解惑",而新时代的教育则着眼于学生素质的全面提高,着眼于未来社会对国家、对国民素质的要求。这就要求教师在新的教学中从关注知识传授转变为关注学生发展;从关注结果转变为关注过程;从关注整体情况转变为关注个别差异,满足不同需要。在彭老师的课堂上,师生都是平等、民主、和谐的,并且课堂中充分发挥学生的主导作用,创建了能够充分让她的学生们释放创造性的、乐于参加的课堂氛围,彭老师也经常鼓励学生在课堂教学活动中的一切探索、发现和创新行为。同时彭老师也与学生融为一体,做学生学习的伙伴,她给每个学生施展才能的机会,满足学生的求知欲、表现欲。

【采写心得】

　　教育,是一场向美而行的遇见。彭誉慧老师遵循"教学做合一"的校训,真正做到了"学高为师,身正为范",让教育成为一种热爱!

不忘初心　方得始终
——记南京市溧水区经济技术开发区小学汪腊梅老师

梁雨婷

【校友名片】

汪腊梅，2013年6月毕业于南京晓庄学院小学教育专业（语文方向），现任溧水区经济技术开发区小学语文教师，语文教研组长。

曾获溧水区青年教师基本功比赛一、二等奖；溧水区论文案例评比一等奖；溧水区教学先进个人；溧水区第六届教坛新秀；溧水区先进教研组长等荣誉。

以己为镜，完善自我

在2020年，汪腊梅老师参加了南京市教育局组织的中小学高级心理辅导师资格认证培训，在那一年里，汪腊梅老师有针对性地、深入系统地学习了心理学的基础知识和心理咨询所需的操作技能，汪腊梅老师自己的内心也在这段日子里发生着空前的变化。

在学校的推荐下，汪老师参加了一学年的教师培训。在那一学年里，她每周要抽出两天时间去参加培训，在繁忙的工作中的确有些手忙脚乱，这让她非常的焦虑。但在培训中汪老师渐渐发现帮助别人解决问题的同时也是自我审视的一个过程,更是"助人自助,完善自我"的过程。回过头来审视自己的成长经历,发现过去所遭受的那些挫折、痛苦其实是一种资源,是一笔财富,它能够让人体会生活中那些善良、真诚的价值。通过系统的学习,汪腊梅了解到作为一名心理咨询教师,要和来访者建立良好咨询关系,这不仅需要心理咨询师做到尊重、真诚、共情、积极关注,更需要丰厚科学的专业知识作为保驾护航的工具。

从学生中来,到学生中去

通过对自我人生历程的分析,汪腊梅切身地感受到,一个良好健康的心态是多么的重要,健康的心理是人生成功的前提。心理咨询师职业正是一项能让她思想走向成熟、心理走向健康、人格趋向完善的高尚职业,更是一份送人玫瑰而手留余香的职业。当她能够用心理学的知识、心理咨询的技能促动他人也发生这种改变时,她发现自己真的很愿意以这种方式来实现自己的生命的价值和意义。汪老师顺利通过了2020年南京市中小学高级心理辅导师资格认证,这次培训对汪老师的班主任工作有很大的帮助。在培训中学会了怎么走进学生的心灵,学生遇到心理问题怎么去引导,对心理有问题的学生怎么去做好心理干预等等,相信今后面对学生的这些问题时,一定会处理得更有技巧、更有智慧。

经历使人成长,阅历让人成熟

在汪腊梅进入大学之后,接触的人和事大大地开阔了她的视野,在她汲取知识的同时,开始用客观的态度去看待自己和他人,开始用自己的心和眼睛去洞察身边的人和事。在晓庄读书期间,学校开设的各类课程,培养了专业技术能力,这为汪老师后面的教育教学工作打下了坚实的基础。2013年8月,汪腊梅怀着满腔的热情走上教师工作岗位,时刻不忘自己的工作对象是儿童,时时提醒自己在教给学生知识的同时,要更注重培养学生良好的个性品质,为他们一生的发展奠定下良好的基础。学生需要她的时候她总是会及时出现,校内外很多地方都是她教书育人留下的痕迹,她也逐渐拥有了更多带给孩子们知识和快乐的能力和底气。

长风破浪会有时

汪腊梅老师认为语文老师是一个需要不断阅读的职业,如果想成为一名合格的语文老师,每学年应提前做好学习规划,督促自己在学业和教师生涯中不断突破。于漪老师曾说她自己"做了一辈子老师,一辈子还在学做教师",我们又有什么理由不努力呢?

汪腊梅老师觉得有这样几件事需要坚持去做:

1. 阅读有关专业理论知识、文学类、教育心理学相关的书籍,其他的书籍也要去拓展。

2. 研究部编版小学语文十二册的教材以及新课标。

3. 多参加跟专业技能相关的比赛,提升自己的基本功。

4. 多去看一些优秀教师的试讲视频,多学习,多去领悟,以后可以运用到自己的课堂中。

5. 练好三笔字。

【采写心得】

教育乃立国之本、强国之基,教育工作者汪腊梅立德树人,有温度有情怀。行知魂代代传,陶路花朵朵开。

坚守初心 专业践行

王琛

【校友名片】

王琛,2013年6月毕业于南京晓庄学院教师教育学院数学与应用数学(师范)专业,现任南京市鼓楼区第一中心小学数学教师、教科研中心副主任,硕士研究生。

曾被评为江苏省奥林匹克一级教练员、南京市优秀教师志愿者、鼓楼区先进教育工作者、鼓楼区小学数学学科中心组成员、鼓楼区学科教学带头人、鼓楼区优秀青年教师。

曾获鼓楼区教学基本功大赛、课堂教学竞赛、微课评比、作业设计等一等奖7次;主持省市区课题4项,参与省市区课题(项目)研究4项,十余篇论文在国家级、省级期刊发表。

初心·缘起

选择师范,是因为高中时由于身体出了一些小状况,受到了江苏省建湖高级中学各位老师的各种照顾,因此对教师这份工作特别的崇敬与向往,也是我高考填报志愿填了3个师范院校的原因。事实证明我的选择太对了!2009年9月,我就来到了南京江宁区弘景大道 3601 号，叔愚楼 411 教室，树蕙苑 13 幢 306C 寝室。

在晓庄，我属于活跃分子，尽管不是学生会等社团成员，但活跃在每一个场景。上课前，我总是到物业办公室拿钥匙开设备的那个人，所以物业师傅们都熟悉我；每一节课，我基本坐在第一排，所以很多老师熟悉我；每一次参与的活动，我都会在幕后工作，所以甚至很多校园保安熟悉我。在晓庄，我不仅学到了专业知识，开展了江苏省大学生实践创新训练项目（优秀结题），而且锻炼了各种做事的能力，比如会务安排、班主任助理、工作表格整理等。

专业·践行

谈到专业，我是数学与应用数学（师范）专业，当时还有习惯称我们是"数学系"。"数学系"里有很多令我膜拜的大神：袁俊老师、肖敏老师、周伟光老师、张翼老师、杜海卫老师、赵灵芝老师、王勇老师等等，在众多大神的指导下，我对数学分析、解析几何、高等代数、常微分方程、初等数论等一系列课程产生了浓厚的兴趣。故事发展到四城区考试时，选择了小学数学方向，有了比较大的变化，其实一开始蛮抓瞎的，因为我不是小教专业，恰好那几年学院调整专业安排，我们很多中学方向的同学都搭上了小教的"福利便车"，得到了很多专业指导。我到现在都印象深刻的是曹慧英老师在行知 100 给我们辅导考编礼仪，王本余老师给我们辅导考编中的班级管理内容，刘娟娟和赵东金老师给我们邀请市区研训员进行课堂实讲模拟训练等场景，至此与小学数学结缘。

在工作的这十年里，第一感受是：忙。时时刻刻在忙，絮絮叨叨在忙，精力充沛地忙，忙碌的不仅有我，还有身边很多的小伙伴和同事，我认为小学教师真正的是一群爱岗敬业、拼命奉献的群体。第二感受是：拼。爱拼才会赢，但小学老师是一个不计得失的拼搏团体，上至临退休的老教师，下到刚刚入职的新教师，都很拼命！遇到公开课，我们会群力群策；遇到赛课，我们会通宵达旦；遇到课题，我们会几易其稿。第三感受是：爱。我一直认为坚守小学工作的老师是有情怀的，我喜欢和小孩子亲近，课余时间我还会和孩子们打成一片。有了这次约稿，我也正好想到：这是不是就是陶子的践行呢？

感恩·展望

行知先生说,晓庄是一部永远不会完稿的诗集。愉快幸福的四年生活是短暂的,但后晓庄时期,依旧能和母校老师、和晓庄保持着密切的联系,我深感温暖,也一直心怀感恩。直到戴心兰学妹联系我时,我正和在鼓楼区第一中心小学挂职的晓庄教师院李秀琴老师一起安排下一阶段的交流工作,在南京市教育局合作共建项目的引领下,不仅是我,更有我所在的团队都沐浴在晓庄的光泽下,健康成长。相信在千千万万陶子的共同努力下,在晓庄的积极引领下,南京教育乃至基础教育的明天一定会更加美好!

【从教感言】

> 十年很长,但又很短。十年很长,因为十年只有三千多个日夜,在这十年,我获得历练与成长。十年很短,因为我的教师生涯,还有好几个十年。在今后的教育教学岗位上,我将继续秉承"晓庄"精神,继续虚心学习、戒骄戒躁、扎实教学、砥砺前行,更好地实现人生价值,立德树人!

做孩子心灵的捕手

张佳雯

【校友名片】

张佳雯,2013年6月毕业于南京晓庄学院小学教育专业(数学方向),现任南京市拉萨路小学数学教师,课程研究部助理。

鼓楼区学科带头人,鼓楼区优秀青年教师,鼓楼区优秀班主任。曾多次承担区公开课,所撰写的多篇论文、课题、案例在市、区评比中获奖。

今年是我踏上三尺讲台的第十个年头,从南京晓庄学院毕业以来一直坚持教育初心,遵循"用欣赏的眼光看待孩子,用宽容的心态面对孩子"。常年的低年段教学工作经验让我意识到,在学校里,更需要努力"蹲下"倾听,听见孩子们的心声。

每年9月开学时,都有一批天真活泼的刚从幼儿园毕业的孩子,怀着好奇、兴奋又有点忐忑的心情跨进小学的大门。他们要很快从幼儿园的"玩"过渡到小学的"学"中去,这一环境较大的变化虽然大部分孩子能很快适应,但是总会有部分孩子慢慢地害怕上学、排斥上学甚至不愿意来学校,会哭闹。作为一名一线人民教师和一位热爱心理学的教育者,深深体会到让一年级的学生尽快适应学校生活是多么的刻不容缓。

这个年龄阶段的孩子正处于由前运算阶段向具体运算阶段过渡的时期,也是学生思维发展的重大时期。这时期的儿童自身首先遇到了环境的变化,而他们心理的不成熟和敏感脆弱的心灵,也会让他们没那么快适应小学生活。

学校层面创新地提出了"晓小课程",第一周不上课,先认汉字,再学拼音,并且还开设了书法、阅读等科目。比较适合一年级的孩子阅读的就是绘本了,很多孩子家里都有绘本,我在想,何不让每个孩子都把自己的绘本带到学校来,既可以自己阅读,还可以和小伙伴们分享阅读。这样,不仅很好地利用了课间时间读到自己的书,还能增长见识多读书。午休吃完饭,孩子们坐在座位上休息吃水果,我还会给他们听一些讲故事的音频。听故事,既能培养孩子倾听的能力,而且也能适时让孩子的眼睛得到休息。

虽然大部分孩子能够很快适应学校生活,但仍然会有极个别特殊孩子不能那么快适应。

以"爱"为后盾,建立规则

中国人常说:"国有国法,家有家规"。以此来表明秩序的建立,就好比日月星辰,各有其运转轨道。因此,在班级管理中,也应当建立起班级里的规则,不过作为一个教育者,应该思索:规则如何被传达与建立?当孩子违反规则时,大人又该如何给予回馈,并且切实实行?

因为班级里的孩子比较多,一年级的孩子又比较小,刚刚从幼儿园来的他们,在刚刚踏入小学这样一个他们未知的环境,有时候你会发现孩子突然站了起来,有时候有的孩子会直接喊"老师老师",有的孩子不知道及时交作业,有的孩子下课追逐打闹。面对这样一群天真的孩子,一味地发火肯定无济于事,那么该怎么办呢?

曾经在新闻上看到一位老师,每天放学时都会和自己班的每个孩子拥抱一下再说再见,我受到了启发。因为曾经听说过,当你面对一个既不是饿肚子也不是想上厕所的婴儿莫名其妙地哭泣,只要给他一个静静的拥抱,他就能很快安心下来。那么我想,我爱我的学生们,所以我不吝啬表达我对他们的爱,我经常跟他们说:"老师很喜欢你们,老师希望你们能写出漂亮的字,喜欢你们的小手举得直直的,喜欢你们写字的时候坐得端端正正,喜欢你们在老师走进教室的时候总是把课前准备做好……"渐渐地,我发现孩子们的书写越来越好,课上爱发言的孩子越来越多,下课后追逐打闹的孩子少了。我觉得,爱的力量真的很大,孩子们喜欢这样被爱的感觉,我也很享受爱他们的感觉。

印象很深刻,有这样一个小男孩,坐在班级里第一排,小小的个子,圆圆的脑袋,有时脚上会穿一双不太合脚的女生鞋子,每当走起路来时,总会发出哐当哐当的声音。小朋友们也很好奇,为什么一个男孩子会穿女孩子的鞋子呢?每当小伙伴问起他时,他不会遮遮掩掩,他会告诉伙伴,那是别人给他的鞋子,说着这话的时候,还保持着阳光般的笑容,尽管这样,他还是引起了我的注意。

记得刚入学时,他总有着一个令人惊奇的胃。他喜欢在嘴巴里啃铅笔、尺子、橡皮,甚至还把桌面的软玻璃皮啃了。当我发现的时候都会去善意地提醒他,可是,没过一阵子,他"吃货"的本性又暴露了,他又有了新的开拓市场,红领巾、塑料、餐巾纸等这些都成了他的口中美食!

除此之外,我还发现,他的脸上经常是青一块紫一块的。有时候在班级里面,会出现一些暴力倾向。慢慢地,我了解到,他有一个很特殊的家庭。妈妈39岁才生的他,而那一年,爸爸已经59岁了,时隔7年,他的爸爸已经66岁,是一个快70岁的老人了,爸爸身体又不好,全家人的生活,全靠妈妈一人工作来维持,加上她上班的时间总是在下午到晚上,基本上孩子放学后就是和爸爸在一起。小朋友稍有不听话,爸爸就会非打即骂。长期生活在这样压抑和紧张的环境中,他会时不时地颤抖一下,啃东西便是他来缓解自己紧张的一种途径。

作为老师,我心疼这样的孩子,也许,从他出生起就注定没有一个很好的家庭,也许他的爸爸还不够爱他,但是作为老师,我愿意陪伴他一起成长。

我告诉他:"你是一个有同情心的孩子,对于别人的痛苦,哪怕是动物的痛苦,你知道了都会心里难受,你一定不会去打他们。因为,你有爱心。"而他听了以后,也很认真地点了点头。当我再看到他啃橡皮、软玻璃时,我会用眼神给他一个暗号,提醒他,并告诉他只要能坚持,老师便在阳光下给他一个拥抱。而对于其他的孩子,我也引导他们,要给这个孩子时间,让他慢慢改变,只要他每天进步一点点,就会有很大的进步。

在我和他妈妈的沟通中,我们已经达成共识,孩子的成长离不开家庭的教育,经常性的打骂、暴力会对孩子造成身心伤害。倘若爸爸改变不了,那就自己多些辛苦,孩子不管以什么方式长大,妈妈都应该要陪在他身边,站在他回头就可以看得见的地方,努力地爱护他、鼓励他、帮助他。无论发生什么事情,妈妈都不应该松开那只牵引他的手。

不过,欣喜的是,一年下来,他啃东西的现象减少了,现在,经常帮助老师做事情,打扫卫生时更是将教室打扫得干干净净,桌椅排得整整齐齐,临走时还不忘关门关灯,小朋友们也更喜欢他了。

一致性沟通,真诚表达

在我的班上,我和每个孩子之间有一个小小的秘密对话本。因为课上课间的时间很有限,和孩子们交流的时间也很少,所以我不想错过孩子们这样一个爱表达的年纪。当孩子们愿意和老师说话的时候就可以在这个小本子上写上自己想说的话,对于每一句话我都很认真地看,哪怕只是只言片语。有的时候我也会鼓励那些紧张的孩子,有时候我会安慰那些难受的孩子,有时候我会提醒一些不好的做法,有时候我也会表扬一些好的事情。我觉得,虽然课上我是他们的老师,但是我愿意带着一个跟他们分享好心情、解决难题的好朋友的心态去面对这一群小豆豆们,让他们感觉到老师对他的关心和爱护。

对待孩子耐心,学会接纳

没有一个孩子不想有价值,没有一个孩子不想被接纳,没有一个孩子的内心深处不想被爱。那么作为大人,作为孩子们的老师,我们在工作上可能面对的不仅仅是学习压力,可能还有各方面的压力,可能人也会比较情绪化,有的时候确实感觉有点烦躁。像每周一我们有 4 节课,再加上看饭护导,在很累的时候遇到调皮的或者是课间玩耍的孩子太过于兴奋,在走廊摔跤了或者两个孩子有了矛盾,起了争执,这个时候只能放下手里的事情去处理孩子们的事情。因为在我的心中,就希望孩子每天开开心心来上学,安安全全回家。针对孩子们的这些突如其来的状况,我得给他们找点事情做。如果这个时候只是一味地训斥孩子,我觉得孩子可能也会不知所措。于是我耐着性子,给班级里的孩子们分分工,于是很多小助手上岗了:

酸奶长、黑板长、水果长、讲台长、作业长、花草长……并且我们还开设了魔方、二连环等趣味数学课程，孩子下课的时候经常会三五成群地凑在一起研究如何解。渐渐地，课间奔跑的孩子少了很多。

种下一颗种子，关怀孩子

孩子就像一颗颗的小种子，如果我们按时正确地施肥浇水，孩子们才会健康地长大。可是，谁也不知道他们是什么，有的孩子长成了牡丹，有的孩子长成了小树。我们不能按照同一种办法对待他们，每一个孩子都是不一样的个体，我们得尊重孩子的天性。而且孩子现在正处在七八岁的年纪，他们为人处世的态度经常都是向大人学习。

记得有次在下课时，我正在走廊护导，有个男孩子来跟我聊天，他告诉我他长大了想当一个动物管理员。我就很奇怪，别的孩子都是想当老师、医生、科学家之类的，为什么他会选择当这样一个角色。他告诉我，他觉得他想管理一个动物园，本来我以为这是一个爱心的表现，可是他接下来说的话让我大跌眼镜，他说："如果动物们不听话我就打。"他还边说边笑，我在想，这是遭遇了什么事情，竟然会有这样的想法。后来我了解到，每次在家里他不听话的时候，他爸爸就打他。于是我跟他家人也沟通过，并且在课上也会鼓励他。因为他家境不太好，所以我有时候会把我自己这边多的铅笔橡皮本子送给他，鼓励他，也会偶尔抱抱他，让他感受到老师虽然有时候会提醒批评他，但还是会感受到老师对他的爱。有时候他也会问我："老师，今天我作业写得好吗？"我会说你要是把这里擦干净再写好就更好了，他会很开心地擦干净，然后认真写好。有时候课间还会在我护导的时候帮我提醒学生不要奔跑，要慢慢走，俨然是个称职的小助手啦！在惊喜之余，虽然他还是偶尔会出现没控制自己的情况，点点他提醒他，他也能立即改变。我真希望这样一个爱的种子能在他的心里生根发芽，如果将来他真的能成为一个动物管理员的话，我希望是因为他喜欢和小动物成为好朋友才当上了动物管理员。

对于一线教育者来说，在教育之路上要学习的还有很多很多，我常常会想起萨提尔女士留下来的训勉："问题的本身并不是问题，如何面对问题才是问题。"因此，我时刻提醒自己，对待教育问题上，心态一定要更谦卑，对孩子的期待也不能太急迫，行为上不能太急躁。我觉得，对于孩子们，我都会尽我所能地去爱他们，当好他们成长路上的引路人，做孩子心灵的捕手，让孩子能健康茁壮地成长。

【从教感言】

> 从教十年来，一直保持一颗童心，在数学课堂上，关注到每一个孩子，倾听他们的心声。在平时班级管理和教学中，能用欣赏的眼光看待每一个孩子，用宽容的心态面对每一个孩子，让孩子们产生对数学的兴趣，真正做到慧学慧玩慧生活。

教师——我一生的事业

黄 春

【校友名片】

黄春，2014年6月毕业于南京晓庄学院小学教育专业（数学方向），现任苏州市工业园区跨塘实验小学数学教师。

多次执教苏州市区级公开展示课；担任省级课题主持人，多篇论文在省级重点刊物上发表；多次获校"优秀教师""教学七认真先进个人""教科研工作先进个人""智慧教育先进个人""优秀班主任"等荣誉称号。

一支粉笔书春秋，两袖春风化桃李。教师，就是这样一群向下扎根，却向上托举教育梦想的人。通过多年的教学工作，我明白了：教育孩子的真正目的不在于传授多少课本知识，最重要的是教会他如何做人！作为新时代的普通教师，自己的为人处世、治学态度、行为习惯甚至于服饰仪表，一言一行、一举一动都会直接对学生产生影响，起着极为重要的作用。

吾之初心，为人师也

谈到教师，人们常说这个工作轻松、假期多、待遇高。于大家而言，教师是一种不错的职业；于我而言，教师不仅是从小的志向，更是一生的事业。

不止一位朋友问过我："你为什么要做教师？"

小学四年级前，我就读家乡的农村学校，我的成绩非常糟糕，最害怕留堂；我没有朋友，这之前的童年，实在算不上愉快。四年级那年，村子的学堂最终没办下去，我不得不去镇子里的小学读书。镇里的小学非常漂亮，在这里上小学的三年，我最羡慕周一的鼓号队和升旗手，最爱上音乐课，最逞强与班级的好学生暗自比较，最希望获得语文老师的表扬，最渴望当一次"三好学生"，最想结交一个好朋友。

博济镇中，一如既往喜欢我中学的名字。初一四个班，两个实验班，两个普通班，我在普通三班，我仍旧是平凡普通又积极向上的那个女同学。初一那年，因脾气性格，我有幸换了七个同桌，如何令人喜欢不讨厌，我好像学不会，就像儿时结交伙伴的被动和失败。

选举语文课代表那天，毫无悬念地落败。放学时被嘲笑：又矮又丑又不讨喜，还想争！我认认真真将值日工作做了个彻底，直到只剩扫帚丝划过地面的声音，我坐在那块正字未擦的黑板下……谁也不许听到我哽咽，谁也不许看到我泪流满面。

小英老师的声音比脚步先来："你一个人在这里？"惊慌，无措。小英老师擦掉我眼前的模糊："老师从来不看谁长得漂亮，别在意同学的看法。在张老师心目中，你笑起来最可爱。你的字书写得很端正，以后做我的副语文课代表吧，帮我抄词语在小黑板，第二天挂在大黑板那边……"她一手扶着小黑板，一手拿着白粉笔，教我如何转动粉笔头写出笔画均匀的汉字。

张小英老师家访时，家里还竖着钢筋，堆着砖头，落脚处皆是石块，家的贫困使我不敢开口邀请老师进门。老师仍是微笑："我来邀请你做本次运动会的播音员，你的声音那么动听，别害怕，有我。"

那份播音稿，是我巨大的一笔财富。运动会那天，我的声音和呐喊，终于，你们都听到了！那天，是我告别自卑的一天，是受教师之爱鼓励的一天，是勇敢向往的一天。

对，就是那天，我立志成为像张小英一样的老师。

为人师也，乐在其中

斯宾塞曾经说过："正确地进行教育，不是一件简单的事……要点钻研，要点机智,要点忍耐,要点自制。"

我不禁回想起,自己刚刚踏上教育岗位时的手忙脚乱,班级管理中遇到的挫折,一度使我失去信心,甚至怀疑自己根本不适合当老师。在迷茫和思想争斗中,我不愿辜负初心,坚持了下来,现在依然保持刚刚踏上岗位时的教学热情。

在教育教学中,我的幸福感大多来源于日常小事:一个平时特别调皮的孩子,在数学课堂上认真思考,积极发表想法;去隔壁任课班级上课,学生送来了遗忘在讲台的水杯,竟还贴心地添了热水;下午因会议没来得及批完作业,课代表及时督促同学,放学前一本不落地收齐放在讲台……内心的欣慰难以言表。

孩子们与我说,很喜欢黄老师的数学课。因为在数学课堂中,黄老师总能在他们分神时,幽默地邀请他们回神;总有办法让不爱表达的同学乐于开口……心中充满了被孩子们认可的幸福感。

这是在数学课堂中,与学生讲解校对答案时,发生的一件趣事。

朱同学非常主动地举手,挥挥数学《同步练习》,那神态与动作,疯狂表示他想展示他的答案作范本。这里不得不说到,昨天数学讲解时,我随机抽到他的作业本投屏,错得一塌糊涂……把本子递给他的时候,同学们大概是笑了几声。当时他没说什么,只是低着头,有点脸红。今天的他有备而来,怕是来"洗前耻"的。我自然乐意成全!只是……

刚把作业本投屏,同学们笑了起来。这一看,不禁也被逗乐了!

"你能解释下'书总'是什么意思吗?"

"这本书总共。"他的两手互相握着,略微不自在。

"上节课你听得非常认真,知道数量关系要写得简洁明了。你的概括非常有想法呢。"一边评价,一边打趣:"以后管你叫朱总,朱总经理。"

接着我们一起检查了设句、列方程、解方程……答句。"这本书 450 有页……"我读道。

"不该叫朱总,叫朱有页!"一男同学喊了一声。"哈哈哈……"同学们笑翻了,我也是憋不住笑了。这堂课的三分钟,相信是我们这学期以来最不严肃、也最欢乐的导入环节了吧!"同学们,首先得感谢你们,帮助同学纠错;同时,我们更要感谢朱同学,虽然你犯了小错误,但给我们的数学课带来这么多欢乐!表扬你,敢于展示自己,不断反思自己,挑战自己!"同学们安静了,我也几分思考。

常笑说,年年都有"听不懂、教不会"的学生。我们往往以"讲了多少遍,你怎么还不懂"的心态,对反复订正仍出错的学生火冒三丈。班级的学生之间有性格差异、习惯差异、学习差异,但大多时候我们会忘记这一点,用同样的方法、做同样的题目、提同样的要求,这对学生显然不公平。因材施教便是要求教师面向不同层次的学生,有的放矢进行差别教学,知人善教,力求各尽其才。

面对学生的学习错误、行为不妥、习惯不佳,先不必叫嚣,多点耐心,定能化之。共勉。

乐在其中,有始有终

毕业信(一)

没想到,我的相册里有那么多,关于你。第一封毕业信,写给曹曹,我可爱的姑娘。

寒假期间收拾橱柜,这个橱柜收藏着任教以来收到的贺卡和礼物。看到这个手工作品,应该是几年前收到的心意,没有署名。可我一下就知道,是你,曹曹。这天阳光很棒,我把它放到窗台晒太阳,看着这个姑娘的背影,回忆与你的故事,四年的故事。

柜子里,我还找到了你之前送我的教师节贺卡,每一次教师节,你的原创贺卡总是那样独特,充满心意和敬爱。相册里,我翻到了你为数学科技节画的展报、你和馨雨联手画的"勤俭节约"的主题手抄报、你为"武汉抗疫"加油并转发微博的海报,还有更多海报,它们一次次被展览,一次次被同学们和老师们夸赞。你是那么有想法和创意的一位画家!

在主席台上,你代表着所有运动员,向全体师生宣誓,我内心多么为这个姑娘感到自豪与骄傲啊!写到这里,我意识到,往后可能看不到曹曹在红色跑道上,肆意奔跑了呢。可能也没有机会,在二楼风雨操场边的那条微笑长廊上与你偶遇。更没有时间,允许我们一人一条凳,我说着,你听着;我拍拍你的肩膀,你忍着眼泪,勇敢地点头。过去四年,腼腆的你,笑着的你,沮丧的你,勇敢的你,倔强的你……

曾为你写过多次班主任评语,说过你懂事可爱,夸过你善解人意,赞扬过你运动和绘画方面的天赋,鼓励过你勇敢面对挫折……你为数学屡次灰心难过,却昂扬跨过200米赛道的终点线获得第一。我突然明白,老师曾与你说过的这些,都不算数。你就是你,最好的你,你自己说了算。但我永远记得你,我遇到过这么个倔强善良、温柔可爱的姑娘,曹曹。

毕业信(二)

三年级刚接班,我最先认识了一帮调皮家伙,包括你。第二封毕业信,写给小罗。

你并不喜欢捣乱,却总是爱凑热闹,每每我教训这帮调皮鬼,你总在里头,我可有说错?你勤快地向老师"告小状",那八卦的小眼神啊,老师可真没办法讨厌你!如果不是你,我不知道哪位同学在班级里捣蛋欺负人,不能第一时间知道同学磕碰受了伤,不晓得班里发生了那么有趣的事……很多时候,你带给我简单的快乐。

四年级的歌唱比赛,你站上讲台,带着点不自信,又有点倔强。亮出那一嗓,你不知道吧,当时不少同学都在悄悄肯定你的勇敢呢!快乐30分的课堂上,同学们用书本排队,模拟玩耍多米诺骨牌。我就知道,你这爱热闹的家伙,肯定在边上!五年级时,你有些看不清黑板,三催四请,直到六年级,小罗终于去配了副近视眼镜。其实呢,同学们和老师,都觉得佩戴眼镜的你,斯文帅气,特有学霸气质。

多么希望,你能一直简单知足、天真活泼。直到有一天放学,你主动找我说了家里发生的事情……很长一段时间,你的意志消沉,学习习惯和作业情况都令人着急,我总会找你谈心,有时严厉,有时又不忍心。

人总是在逆境中更快地成长。很高兴看到你,能够重新振作意志,全身心投入学习。下课你不再凑着"调皮鬼"们热闹,看起了课外书;上课你不再随意插嘴,总在思考后才举手;学习态度变得端正专心,学习成绩有了大幅提升,获得全班的"最大进步奖"呢!

教师是一份崇高的职业,常被比作燃烧自己照亮别人的蜡烛、被比作吐丝不止、孜孜不倦的春蚕。我更希望自己是照亮学生的那缕阳光,散布在孩子们的周围,给以悄无声息的温暖。教师,平凡又神圣,任重而道远。前路漫漫,仍有许多困难和磨炼,我定当勤勤恳恳,陪伴与呵护,珍爱孩子们幸福的童年!

【从教感言】

"大爱、奉献、担当"的晓庄精神,常鼓舞着我步履不停地追求教育梦想。教师,平凡又神圣,任重而道远。我希望,自己是撑起孩子们臂膀、眺望远方的一棵树,是照亮孩子们幸福童年的一束光,是点燃孩子们心中梦想的一团火。

只争朝夕　不负韶华

宋　然

【校友名片】

吴蕴玥,中共党员,一级教师,2014年6月毕业于南京晓庄学院小学教育专业,南京市科睿小学数学教师。从教九年,她心系学生,无私奉献,热爱自己的本职工作,从自己喜欢的工作中感受快乐,热爱教育事业,以"立德树人"为己任,她恪尽职守,关爱学生,师德高尚。

2014年8月在南京市科睿小学工作,2016年9月起任职人事秘书,2020年1月至今担任学校党办主任一职。2016年7月和2021年9月,两次作为教育系统党代表参加中国共产党鼓楼区第二届、第三届代表大会,目前已提名为南京市青年联合会第十六届委员会委员。

2022年7月被评为鼓楼区优秀青年教师;2019年9月被鼓楼区政府评为"鼓楼区先进教育工作者";2019年12月参加南京市职初教师专业基本素养展示,荣获一等奖;2020年6月被鼓楼区教育局评为"鼓楼区教育系统师德先进个人";2021年3月荣获南京市第二届教育科研成果创新奖一等奖。

青春飞扬　爱洒童心　无私奉献

2014年9月,带着青春的无限激情,满怀对教育事业的真诚,她踏入了教育工作这片热土,成为一名光荣的人民教师。转眼间,她的教育生涯已过九年,在教育工作中,她始终热爱党的教育事业,为人师表、爱岗敬业、乐于奉献。九年里,她就像块砖,只要学校、学生哪里需要,她就往哪里搬。工作以来,她几乎完成了一到六年级的数学循环教学工作。工作第五年的她接手了毕业班的数学教学工作,面对复杂的教学内容和繁重的教学任务,她从不叫苦叫累,利用休息时间潜心研究,经常与学生谈心,最终所带班级以优异的成绩毕业。疫情期间,担任两个班数学教学工作的她,面对86个学生每天的作业,她都逐题批改,单线联系家长反馈问题。面对家长的提问,无论何时何地,她都第一时间答疑解难,为学生的居家学习提供指导。

在做好教学工作的同时,从数学教学,到团支部、人事、校长办公室、党务办公室,只要学校需要、学生需要,她从不拒绝工作内容的调整,并且出色完成。2018年10月是她结婚的日子,但是她一直工作到婚礼的前一天,只因想要更快地为全校老师完成养老、职业年金等人事工作的转换,保障老师们的福利,她毫无怨言。她用严谨扎实构筑高效的课堂,让孩子们爱上数学。她先后承担多节市区级研究课、公开课及教学讲座的任务,得到学校老师的一致认可。参加鼓楼区数学青年教师基本功比赛获区一等奖第一名。她积极参与教育科研,主持、参与省级、市级规划课题的研究,荣获"部级优课",数篇论文获省市区一等奖。她在平凡岗位上超越自我,受到了学生的喜爱、家长的尊重和同事的赞许。

勇于探索　积极进取　不负韶华

吴蕴玥老师作为第一批来到科睿小学的老师,在琅小教育集团先进理念的指引下,积极学习、努力实践,全身心投入科睿的工作中。作为年轻教师,和同龄人相比,她比别人少一份稚嫩,多一份沉稳,始终把责任担在肩上。作为人事秘书,从31人到40人,再到现在的59人,虽然学校人员不多,但事情一样不少。绩效考核、工资调整、教师招聘、岗位晋级、事无巨细，她都先一步思考，替老师们排忧解难，用最温暖的方式将信息传达给大家，时刻为老师们着想。从团支部书记到党支部组织委员，作为党团之间的纽带，她仔细思考方案、认真撰写策划，用心组织了大大小小十余次党、团日活动，丰富了党员、团员们的业余生活。同时，她还以身作则，鼓励青年教师积极加入党组织，前后共发展了4位团员加入共产党，为党组织输送新鲜血液。

抗疫初期，学校党支部联合教学部门拟在线上开设空中课程，接到任务的她，在第一时间进行策划组织，短短3个小时，她就安排好了十期"小飞象空中课堂"的时间、内容和人员安排，内容丰富、形式多样。同时考虑到时间紧迫，她勇挑重担，承担了第一期空中课堂内容的制作，保障了按时将学习内容在云端进行发布，为疫情期间居家学习的师生送去关怀和帮助。在她的组织下，科睿小学先后被评为鼓楼区"先进基层党组织""五四红旗团支部"。

一路走来，她用实际行动诠释了"师者，所以传道授业解惑"这一经典论述，践行了"学高为师，德高为范"这一诺言，曾先后获得鼓楼区"优秀教育工作者"、"优秀共产党员"、琅小集团"新城市优秀教师奖"、科睿小学"科爱的你·睿心的你"年度感动人物等光荣称号，并被评为"师德先进个人"。

教育微故事1

我和你的"小秘密"

作为数学老师，她每接一个班，都会了解学生的性格和家庭情况，与家长促膝谈心，有针对性地做好学生的思想工作。平时经常深入学生内心，既对学生严格要求，又给予学生最大的理解，所教班级常规好，习惯佳，学生好学乐学。

2018年，学校将重任交付她——让吴老师担任毕业班六（1）班的数学教学工作。这个班级最初的两年在其他学校过渡，回到科睿之后，又兜兜转转，几乎每年换一个数学老师。班上的数学成绩差距比较大，学生的学习习惯也比较差。吴老师接手后，耐心地倾听，积极引导，始终要求自己以最阳光的笑容对待每一位学生，让自己走进孩子们的心灵。

班上有这样一位特殊的女生,她叫惠文,皮肤黝黑,平日里看起来大大咧咧,争强好胜,喜欢和男生"争斗",学习成绩一般,擅长体育长跑。就是这样一个性格粗犷的女孩子,在班级里却不怎么受待见,处处受排挤,以至于她为了吸引关注,常常会带着一些奇怪的物品到学校和同学分享。吴老师自从接手后,一直对她很关注,她的家里有3个孩子,重男轻女严重,作为大姐的她日子并不好过。一次数学练习中的60分建立起了她们之间的"小秘密"。

"惠文,你怎么了,最近的学习状态很不对,遇到了什么问题,可以跟我说。"

"没什么问题,就是没考好。"

见她耷拉着头,不愿多说一句的样子,吴老师立刻意识到了问题的严重性,即刻转变了身份,化身成一个知心大姐姐重新与她进行了沟通。

"现在这里只有我们俩,我就是你的'垃圾桶',有什么想说的,想问的,你都可以往我这里倒,老师一直都在关心着你,特别想跟你做好朋友。"

听到这里,惠文的眼泪再也绷不住了,豆大的泪水从眼角滑落下来,经过了解,原来是因为家里爸爸妈妈几乎天天吵架,紧张的家庭气氛压得她喘不过气来。作为姐姐,还要在争吵中照顾年幼的弟弟、妹妹,这样的环境让她根本无法专心学习。听了孩子的哭诉,吴老师即刻给了她一个拥抱,拿出梳子为她重新梳理了头发,带上漂亮的发卡,边梳边对她说:"其实吴老师知道,你是一个特别要好的孩子,与同学的分享,与男生的打闹都是希望得到大家的关注,得到关注的方法其实有很多,用心学习,用好的成绩吸引别人的目光不是更好吗?以后你要是学习、生活上有任何的困难,都可以来找我,我们现在是好朋友了,这是我们之间的小秘密。"经过这次的交谈,惠文的心逐渐稳定了,学习的状态也在不断改善,在后面的学习中,她渐渐恢复了原来的状态,认真学习,最终以优异的成绩考上了理想的中学。

也许是冥冥之中的安排,在惠文毕业后的那年9月,他的弟弟来到了科睿小学,就读一年级,正好分在吴老师的班级。9月10日教师节那天,惠文回到母校看望吴老师,告诉了吴老师一个小秘密:"吴老师,我的弟弟也是你的学生哦!以后我们还会有更多的小秘密哦!"

看来,她们之间的"小秘密"仍将继续……

教育微故事 2

大家好，才是真的好

2016年以来，吴蕴玥老师担任学校的人事秘书，她时常严格要求自己，各项工作以身作则，既要做"指挥员"，同时又要做"士兵"。在"做"的过程中，她把以身作则、兢兢业业作为座右铭，放弃了许多休息时间，经常早出晚归，加班加点。对学校大大小小的工作都认为是自己的分内事，无论是学校"十三五"省级课题的研究、教师工作会议的统筹，还是德育、党建工作台账资料的整理，她都积极参加，认真对待，高效完成，有效推进了学校的工作发展。有付出就有回报，她的工作获得了学校老师的充分肯定。除了保证正常的教育教学工作，协调各项工作，今年作为新教师师父的她，还挤出时间听课评课，指导徒弟邓欣悦上课，因此工作更加忙碌，生活的空间，常常被工作挤得满满的，但她从无怨言，而是默默地工作、工作、再工作。有时完成两个班的数学教学任务，忙碌了一天之后，回到家里仍要继续核对数据，一遍又一遍核实老师们的绩效，生怕有一丝出入，合上电脑时，常常已是夜里两三点。办公室的老师们常说"该她做的，她都做了，不该她做的，她也做了。"

今年，她加入了一个新的办公室，由一群青年教师组成，工作年限大都在3年以内。作为一名"老大姐"，她时常告诉自己，要给青年教师们做好榜样。她深知办公室里有一面"好镜子"的重要性，工作前几年正是有了成熟教师的不断鞭策和鼓励，才有了今天的她，因此她也希望将这个好的传统继续传承下去。她与大家同进步、共成长，粉笔字、钢笔字她带头练，学校各项论文征文，她带头写，办公室布置她带头出谋划策，大家有任何困难找她，她的回答都是"没问题，我来做，我可以"。办公室负责人梦霏这样说"有吴老师在，我很安心"，青年教师邓欣悦说"有师父在，我不怕"，已经初有成长的陈佳老师说"吴老师都做了，我有什么理由不做"。这些话语正是对吴老师平日里工作一丝不苟，做好榜样的印证，正如她一直说的：大家好，才是真的好！

作为一名老师，那一方小小的讲台，是她用严谨扎实构筑的高效课堂，她不计名利，播撒智慧，忘我工作。为师的从容镇定，理智平和，表现出可贵的人生准则和职业操守。在科睿的校园里,我们时常会看见她那浅浅的微笑、听见她那爽朗的笑声,这微笑源自内心,那笑声沁人心脾。

【采写心得】

永远用欣赏的眼光看待学生,永远用宽容的心态面对学生。

心中有光　照亮四方
——记南师附中仙林学校小学部严婧老师

陈乐涵

【校友名片】

严婧，2014年6月毕业于南京晓庄学院小学教育专业，现任南师附中仙林学校小学数学老师，一级教师。

心中有光

作为教学将近10年的资深教师，严婧老师仍然对自己有着严格的要求和深切的期许。她说教书的时间越长，越让她感到教育是一项光荣且崇高的事业，而能从事人民教师这个伟大而光辉的职业，又让她时刻感到骄傲和自豪。秉承着这份以教书为荣的心态，她将自己全身心投入教学，手捧这团不灭的火焰，她一直努力向更高的山峰攀登，勇敢地成为举着火把的开拓者。严婧老师攀登下的第一座山峰便是名为"一级教师"的雄壮高山。但是，优秀者的脚步不会被眼前的绮丽所羁绊不前。在成为一级教师后，严婧老师又将目光投向了数学游戏课程的探索，并且已经取得了初步的成果——《"栖"妙"手"游》系列课程。现在的她非常渴望能让此系列课程在学校试点的基础上进行全区的推广。而对于未来，她则是希望能探索出更多高质量的课程，让更多的孩子享受到更加快乐、优质的教育。

照亮四方

作为走在新时代教育改革十字路口的教师,面对"双减"政策、"5+2"课后服务等陆续出台的措施,严婧老师也有自己独到的理解和清晰的发展方向。"教育具有时代性,教师的培养也必须与时俱进。"除此之外,严婧老师还以她犀利的洞察力发现"双减"政策、"5+2"课后服务措施等看起来是政策的变化,而其实质是教育现代化过程中,对办好人民满意的教育的回应,也是教育高质量发展的必然要求。她将这些政策视为对未来小学教师的新指引。沿着这个新路标,她明确了自己未来职业发展方向,即不仅要能传道授业,更要能够培根铸魂,把握教育发展的时代脉动,不断创新和发展基础教育的形式和内容,以更宏观的时代视角、更开阔的教育视野、更扎实的专业知识和更过硬的师范生技能,遵循教育规律,不断促进基础教育高质量发展,让孩子们的学习成为一件快乐而有收获的事情。

在最后,严婧老师也对她的母校——南京晓庄学院,表达了最诚挚的祝福。严婧老师在毕业以后一直关心母校的发展态势,时常在新闻中关注学校发展成就的报道。她也多次回到母校,亲身感受到学校的软硬件水平都在不断地提高,"可以说母校的发展蒸蒸日上,作为校友,我也为母校而自豪。未来,希望母校能够越来越好,好上加好,早日打造江苏领先、全国一流的小学教育、学前教育专业,建成全国一流师范院校,为教师教育高质量发展和实现教育强国目标,培养更多优秀的时代'大先生'"。说完,电话那头传来严婧老师爽朗的笑声。

【采写心得】

教师的职业是一种责任重大的、最光荣的职业,这一职业的意义和作用必将日益提高和增加。严老师怀揣着热情,让星星之火走向燎原之势。未来的国之栋梁必将从此起飞!

扬大志向　做小事情

陆　游

【校友名片】

陆游，2015年6月毕业于南京晓庄学院小学教育专业（数学方向），现任南京师范大学附属中学仙林学校小学部数学教师，中共党员，人事部门副主任兼学籍管理工作。

曾执教多节南京市级、区级、省内外代表团公开课；在市区级各类教学竞赛、基本功比赛、微课比赛中荣获一、二、三等奖；所带班级荣获栖霞区"优秀班集体"称号，所带学生多次获省、市、区级各类奖项；先后荣获区优秀教育工作者、先进教育工作者、教坛新秀等荣誉称号。

陶行知先生曾经说过"人为一大事来，做一大事去"，既然我们选择了做一名教师，那就要做一名仁爱敬业、善教有方的好教师。我认为，我们在一线教学中，不仅要帮助孩子们学到知识，学会技能，更应帮助他们学会做人，树立正确的三观，做新时代的好少年。

与研究同行

刚入职的那阵子,站在三尺讲台上,我没有一丝恐惧,没有一丝慌张,我想我们南京晓庄学院的陶子走进课堂、手拿粉笔、面对学生,大多都是这样的沉着稳重,而这离不开母校的多年培养,离不开各位老师对我们的辛勤栽培。尤其是数学学科学习这块,我有幸遇到了女神——刘娟娟老师。每当回想起大学数学的学习,行知楼里的求知之路总是历历在目。刘老师用心地给我们解读一篇篇小学课例,带着我们分析教材中的教学目标及重难点,指点我们如何设计出完整又新颖的教学设计。刘老师尽心尽力、尽职尽责,从大一就一直紧盯我们数学学科的学习,提醒我们坚持训练小学数学教师的各项技能及基本功,督促我们坚持研读小学教材,教导我们坚持去做数学题目。正是因为有了大学这段时光的沉淀,这几年的积累与研读,才有了我们能够一入职就能快速切换角色、一入职就有站在讲台前的那份从容淡定、教学时的那份得心应手,刘娟娟老师的学科教学课程对我们参与小学面试以及就业提供了巨大的帮助。

作为一名年轻教师,能站上讲台、站稳讲台,二者天差地别,后者需要付出更多的汗水和努力,要经历更多的艰辛与磨难。我自工作以来,能代表学校展示这么多的公开课,其实背后默默吃尽了别人看不到的苦头,是用熬了无数个大夜,试上前每晚只睡三四个小时,一遍遍去梳理换来的,当然更离不开区教研员和领导同事对我的课例打磨。印象最深的就是人生的第一节公开课——三年级的《一一间隔排列》,这是江苏省名校联盟活动,共同出席的还有苏州市的老师。这节课在磨课的过程中,有许多难忘的事情。由于我是新教师,教研员担心我语句会出现差错,要求我一句话一句话地去精炼,一句话一句话地去记录,一句话一句话去记住这节课的内容分配,每次手写完熟悉了教学设计之后,还要将其转化成电子稿。最痛苦的是这节课需要准备道具,磨课团队第一次想到了彩色卡片,于是我就网上购买材料,自己去制作,自己去按小组分装,结果试上下来效果不好;第二次团队想到了彩色珠子,于是我自己又去串珠子;接着又想到了磁性塑料片,于是又去制作塑料片;最后确定的是磁性图形,找了广告公司制作,由于时间紧迫,最后动员我的家人、我的同事帮我一起裁剪,最终有了正式课上的各种材料。每一次试上需要准备的材料数量相当多,所以每次试上前都需要花费数个小时进行准备工作,接着夜深人静的时候还要花费数个小时去熟悉每一次不同版本的教学设计,去确定每一处应该要提炼的话语,因为数学老师的语言是精炼的,切记不可有过多的废话。

第一次的公开课前前后后我一共试上了七八次,试到皮都要磨塌掉了那种。刚开始准备我会照搬师傅的话,照搬教研员的话,但是那不是自己的东西,所以总是会感到很别扭,不习惯。只是初生牛犊没有较多的教学经验,只能把前辈们的话当作金科玉律,可结束之后就需要自己静下心来,梳理出教学流程,让每一个环节成为自己理解的设计,能与自己产生共鸣的,再稍做加工。当然在静下来思考的时候,要站在这些前辈的角度去多思多想,为什么这一板块,他们是这样处理的?为什么这一环节,他们是这样设计的?陶行知先生每日有四问,第一问:我的身体有没有进步?第二问:我的学问有没有进步?第三问:我的工作有没有进步?第四问:我的道德有没有进步?那我们年轻教师每日应坚持写反思,坚持回顾思考这节课应该怎么设计,应该怎么上,还有哪些环节处理不到位。正是因为有了第一次公开课的经历,才让我在今后的课堂中找到了授课的方法,找到师生共鸣的那种感觉,找到了自己的风格,所以在南京市级公开课、栖霞区级公开课、商洛代表团的展示课、新疆骨干班的展示课、江苏代表团的同台课、疫情期间的网课都接踵而至时,我可以得心应手地应对,这说明前面吃的苦都不会白吃的。

"勤能补拙是良训,一分辛苦一分才。"我坚信,扎根在教学一线的我们,要想成为一名不平庸的老师,必须付出加倍的努力,待到山花烂漫时,身为教师的我们才能在花丛中笑。

与孩子同行

南京晓庄学院的校训是"教学做合一",陶行知先生也是希望我们在实践中求知,在实际生活中探索真理,做知行合一的人,学问和人品并重,能力与素质全面发展。作为一名教师,我们首先要有道德情操。"师也者,教之以事而喻诸德者也。"作为教师的我们,必须率先垂范、以身作则,引导和帮助学生把握好人生方向,特别是引导和帮助孩子们扣好人生的第一粒扣子。作为班主任的我,特别重视学生在思想道德、是非曲直、善恶义利等方面的品行教育,要以自己的人格力量和人格魅力去引领学生。

这一点特别感谢母校的曹慧英老师。我清晰地记得当时为了去抢曹老师的选修课,手机定好了闹钟,准时守在电脑前,拼命狂点鼠标,像双十一整点抢爆款商品一般,错过了点一下鼠标,可能就要错过了一学期的课。曹老师当年传授我们的是师生沟通艺术、师生沟通技巧,教会我们有时候给孩子教学,不取决教孩子什么,而是我们以什么样的方式怎样去教,我们要建立积极的师生关系,创造相互关心和尊重的学习氛围,教师们在扮演角色之时一定要发挥自己的影响力。曹老师课上的笑容是那样的温暖,是那样的亲切,让我们每一位学生听得津津有味,如沐春风,课上她还会举一些具体的实例,教我们如何睿智地处理类似情况,她的课对我如今的教学和生活都产生了重要的影响。

母校对我们的熏陶,正是行知精神传承着大爱,所以走上工作岗位后,我很容易与孩子亲近,走进孩子的内心。陆游说过"纸上得来终觉浅,绝知此事要躬行",我这个陆游就喜欢给孩子们张罗着各类活动。曾联合着南理工紫金学院的志愿者协会,在南京仙林金鹰的广场上举行了一场义卖活动,所有义卖所得的钱款都被小朋友们投进了捐款箱中,用这小小的力量给需要帮助的人一丝温暖。义卖活动锻炼了小朋友们语言表达和与人交往的能力,培养了授人玫瑰手留余香的良好品质,为温暖助行;在家委会的协助下,我们还组织了"大手拉小手"的活动,带领孩子们和家长们来到南京师范大学,带领孩子们走进校园,逐一参观了图书馆、教学楼、酿酒实验室、海洋展览馆、动植物标本馆等地。大学生们因地制宜、见缝插针地向孩子们介绍有关教育、文化的民生知识。图书馆丰厚的藏书令孩子们赞不绝口,我趁机鼓励他们今后一定要多读书,丰富阅读量,他们还被图书馆内的3D打印机和电钢琴所吸引。走进大学校园的活动,为孩子们开拓视野,近距离感受大学文化氛围的同时,也可以帮助他们从小树立明确的目标和远大的志向。"莫笑他人老,终须还到老。"我联合街道,组织了孩子们去八卦洲大同村养老院看望慰问敬老院里的老爷爷老奶奶。孩子们精心准备了许多活动,一唱一和的相声《吹牛》表演让爷爷奶奶开怀大笑,沉浸其中。男同学还为爷爷奶奶带来了他们自己创作的国风电竞,让老人们感受到年轻人的潮流。我们南师附中仙林小学最有名的还是民乐表演,几位同学带来的二胡、长笛合奏表演,让爷爷奶奶们感受到了国学文化的深厚。这样的活动是教育我们的孩子从小要尊老、敬老、爱老,做一个有孝心的人。中华民族五千年历史,以尊老爱幼著称,百善孝为先,在学校所学的文化课程中也会要求孩子们做到,但这样近距离慰问爷爷奶奶的形式可以让孩子们更加难忘;家长课堂给孩子们上《中国脊梁》潘建伟、高伯龙、林俊德等系列课程,让这些中国精神从小播种在孩子们的心间;带孩子们组团参观中山陵孙中山纪念馆,让孩子学习到了"博爱""三民主义"的思想;带孩子们制作甜点,品尝自己动手做出的美食,感受父母在家的不易;等等。

陶行知先生说过"生活即教育",我们作为老师,应积极地为孩子们创造这样的氛围,提供这样的环境,实实在在地对孩子们的心灵进行美化,思想品行进行提升。我在严格要求学生的同时不忘以爱践行教育理念,以宽容的、包容的心态对待每一个孩子,以温和的话语、温柔的态度,教育每一个孩子,以规范的方法、严格的要求,培养每一个孩子。"春风化雨,润物无声"是我对教育的追求,看见孩子们在附中仙小大家庭里健康快乐成长,是我最大的满足与快乐。

回首这一段历程,感谢南京晓庄学院的培养,感谢母校让我走向成熟,也感谢南师附中仙林学校小学部为我搭建的平台、提供的机会,让我可以在教学之路上不断前行。

【从教感言】

> 从教以来,始终牢记着母校的校风"教人求真,学做真人",践行着行知精神,做正确的事,做有爱的人。用我们的真心、真情、真诚,点燃孩子们对真善美的向往,用我们的传道、授业、解惑,点亮孩子们前行道路上的明灯。

做学生喜欢的幸福教师

殷 芊

【校友名片】

殷芊,2016年6月毕业于南京晓庄学院小学教育专业(数学方向),现任南京市长江路小学数学教师,中共党员。

参加南京市职初教师考核获南京市二等奖,获玄武区小学数学教师基本功比赛一等奖、玄武区"青春杯"课堂教学比赛一等奖;执教市、区级公开课二十余节,撰写的论文多次获得省市区奖项;先后荣获玄武区"和谐共进团队奖"、玄武区"优秀青年教师"等称号。

人们常说:"不忘初心,方得始终。"能成为一名教师,是我儿时的梦想,选择师范,是我坚定的选择。2022年,是我工作的第7年,我依然清晰记得填报志愿时的那份执着与坚定。终于,在坚持不懈的努力下,我成为一名人民教师。初为人师,带着对教育事业的信仰和无限憧憬,坚定而又自信地踏上了三尺讲台这方神圣的沃土。7年的磨炼,让我慢慢成长为一名幸福的教师。

眼里有光——教育的种子扎根萌芽

2012年9月,当我第一次迈入晓庄学院的西大门,看到正前方矗立着的陶行知先生的雕像，内心的敬意油然而生。身为晓庄的学子，参观犁宫、陶行知纪念馆是我们的入学第一课，在四年的学习时光中，我逐渐真正体会到陶行知教育思想的精髓——为人要真、干事要实、实践为本、知行合一，学陶和师陶的种子在我的心中扎根萌芽。

在初入晓庄的迎新见面会上，我了解到教师教育学院每年暑期都会有支教实践团，为了让自己更加了解"教师"二字的职责与担当，我选择了参加暑期支教活动。在支教期间，我精心准备每一节课，带领学生一起进行艺术创造、一起做有趣的科学小实验，他们一张张淳朴可爱的面庞、一双双渴求知识的大眼睛，让我丝毫不敢懈怠。支教生活看似短暂又平凡，却紧张而充实。那个夏天，在那间小小的乡村教室，我收获了孩子最真挚的情谊，收获了宝贵的教学经验，也收获了更广阔的眼界与格局，让我的能力得到了提高，意志得到了磨炼，人生得到了充实。选择支教，是我做出的正确而有意义的决定，更加坚定了我成为一名支持学生成长、做学生成长引路人的决心。

在晓庄学习的岁月里，我有幸在不同教学风格的师长授课指导下，产生了对专业学习的热爱，初步形成了较为扎实的教师素养。刘娟娟老师深入浅出地讲授小学数学教学技能，鼓励我们建立学习小组，选择一个话题进行自主探究、合作汇报，这样特别的教学方式为我们从容地走上讲台奠定了坚实的基础。刘老师说："你看，这是大学时你做的采蜜本"，刘老师发来的一张照片让我瞬间回忆起大学专业学习的点滴，她一直认为一名合格的教师一定要学会学习、学会反思，让我们准备一本笔记本，专门摘录期刊上前沿的教育理念思想、鲜活的教学案例并记录自己的学习反思和收获，就像蜜蜂辛勤地采蜜一般。"作为教师的幸福就在于不断地学习和充实自己，和活泼、可爱、天真的孩子一起成长"，刘娟娟老师的教诲犹在耳畔。

在晓庄学习岁月里，经历过的人和事，就像一粒种子，慢慢在我心底生根发芽，那就是教育的种子。

心中有爱——滋润童心收获幸福

都说教师是火种，点燃了学生的心灵之火；教师是石阶，铺就了学生的成长之路。而我自知是学生们点燃了我的教育热情，点亮了我永不熄灭的教育光芒。

"殷老师,初中班主任说到了他的老师,他说正是因为这位老师,让他很喜欢语文,听到这我就想起了您。正是因为您带我们毕业的那一年,让我对数学很感兴趣,所以上了初中我成了数学课代表!"教师节那一天,我收到了这样一条短信。怀着欣喜的心情,我将这些文字细细读完,心上泛起一股暖流。随即回复了一条"谢谢你给我的感动,遇到美好的你、你们,我很幸福。"她是我 2020 年第一次任教毕业班后,紧接着的第二个毕业班级的学生,因为是六年级接班,学生处于叛逆期,很是让人头疼,于是我给自己定下一个小任务——每天利用课间找 2－3 名学生聊天,了解他们在学习和生活上的困惑与难题,给予他们鼓励与建议。长久下来,我发现我和学生之间的陌生感逐渐减小,慢慢地他们会和我分享生活的趣事与烦恼,也给我带来了不少感动瞬间,比如在课后提醒我及时喝水,课堂上他们也愿意和我互动交流了……

发送信息的是在班级里不太活跃且有些自卑的姑娘,数学课堂上总是喜欢低着头,同桌讨论时也是很少参与,同桌总是抱怨"老师,她什么都不说!"课间通过交谈我了解到,她很想学好数学,努力了很多但是数学学习总是不理想,因此到了六年级萌生了放弃的念头"我的数学没救了"。于是我和她约定好,我们换个方法再试一次,利用课余时间,我和她一起梳理知识、分析错题原因,课堂上我鼓励她当小老师,在第一次全班讲题之前她在我办公室已经模拟了一遍,因此精彩的展示赢得了班级同学热烈的掌声,自此以后她的数学"有救了",她也变得更自信了。

这些教学经历,让我在面对家长时,有了更多的勇气和自信。与孩子们相处的点点滴滴让我在感动之余也收获到了成为一名老师的幸福感和价值,也让我找到了和学生共同成长的秘诀——要做一位合格的老师,做一位学生喜欢的老师,就应该时刻怀着"爱心与责任"。爱是不放弃,对每一位学生露出肯定鼓励的笑容;爱是尊重信任学生,滋润他们的童年。

"有了爱,便有了一切",孩子们那花朵般的笑容,不正是我们幸福的源泉吗?"人生的最美,就是一边走,一边捡拾散落在路旁的花朵,一生将美丽而芬芳。"我喜欢这样的教育生活,愿永远在教育的天空下且歌且行,一路花开满树,芳香满径。

职责在肩——磨砻淬砺迎接挑战

成长，简单的两个字却饱含着无限的深情。回顾六年的点点滴滴，每一次精心备课，每一次反复磨课，每一次深入研讨，都让我积累了丰富的教育教学经验。在长江路小学这片沃土上，在前辈们的谆谆教诲下，在伙伴们的携手共进下，成长在我身上悄然发生。

我一直告诉自己绝对不能放松自己的业务能力——要对每一个学生负责。课堂是我的主阵地，提高教学水平、进行学科方面的研究是我孜孜以求的目标。让我印象深刻的是两次公开课的磨炼，第一次是2018年在全国品质课程大会上执教的一节数字化教学《圆的面积》，这节课需要运用到信息化教学技术，试教几次我对技术的各种功能运用显得有些生疏，信息技术似乎在我的课堂中成了"负担"。于是接下来的每天，在完成白天的日常教学工作后，我都会主动请教数学信息技术能手——车前老师，然后在空教室里反复练习各种功能的操作转换，调整优化信息技术与数学融合的契合点，最终精彩展示，在信息技术的加持下，学生也能像数学家一样自主探索数学知识。第二次是在2022年5月，一节市级幼小衔接展示课。随着2021年教育部颁布的《关于大力推进幼儿园与小学科学衔接的指导意见》，幼小衔接的科学推进又迈向了新的高度，这也给我带来了一次全新的挑战——面对共同的学习主题《小小规划师》，我的师父——特级教师丁爱平下班后陪着我一遍又一遍修改教案、模拟演课，帮助我理清教学思路。经历了这次"不一样"的磨课，我对如何将一年级学生与幼儿园大班幼儿的数学学习内容、经验和方式整合贯通，如何锤炼自己的语言，用一年级学生听得懂的方式启发他们思考有了更深刻的体会和感悟，一切的一切都是为了让孩子学得更好。

在长江路小学的校园里有一座古典的中式凉亭，此亭以"兰亭"为名，为了表达对从教70年的王兰老师崇敬之情，90岁之前，王兰老师每天上午都会和孩子们谈心，与老师们交流，她常说"要让学生学得轻松一些，老师就得多辛苦一点。"作为青年教师更应该不断汲取名家的经验与智慧，发挥自己的才智与能力，在教育教学的道路上不断地摸索，认真踏实的教学研究让我的能力有了长足的进步，在2021年获得"玄武区优秀青年教师"称号。

道阻且长,行则将至,行而不辍,未来可期。选择成为一名小学教师,想要在专业发展中快速成长,是充满挑战性的。在未来的工作中,我将继续追随优秀教师的脚步,敢于挑战,勇担责任,在担当中历练,在尽责中成长,薪火相传,砥砺前行,努力成为心中有爱、眼里有光的幸福教育工作者,努力成为行而不辍、未来可期的长江"后浪"。

【从教感言】

一张讲台一颗心,从师范生到一线教师,我时常问自己,要成为什么样的教师。工作以来,我一直告诉自己绝对不能放松自己的业务能力——要对每一个学生负责。我深知,课堂教学是教师生命的主阵地。三尺讲台,一方教室,这是我的初心。

一支粉笔一块板,我深知,学无止境,教无定法,作为教师应厚积薄发,不断充实自我。我积极参加各类教科研活动,认真撰写文章,积极参与各项课题的研究。提升自身教书育人本领,是我不懈奋斗的目标。

满怀感恩,幸福成长。在今后的工作中,继续以执着从容的姿态行走在从教路上,去领略教育生活的多姿多彩,去感受心仪向往的追求状态和生命的清脆拔节。

破雾见光　奋力向前
——记淮安市白鹭湖小学张雨老师

李　静

【校友名片】

张雨，2017年6月毕业于南京晓庄学院小学教育专业（数学方向），毕业后来到淮安市清江浦区白鹭湖小学工作至今。曾获蓝天杯教学设计一等奖、省智慧课堂一等奖、撰写的论文获得市级特等奖。她是孩子们眼里的大姐姐，是孩子们心中的好朋友，是陪伴孩子一起学习数学的好搭档。她始终秉持初心，认真对待每一堂课和每一个孩子。因为她相信：只有用心才能看得清，本质的东西，用眼睛是看不见的。

之于孩子：始终秉持爱满天下的理念

木村久一曾说：天才，就是强烈的兴趣和顽强的入迷。做一件事，如果是兴趣使然，插上梦想的翅膀，飞得更远更高。若只是被推着走，绑住了手脚，也是不能大有作为的。张老师一直都很喜欢小孩子，她觉得孩子的世界很单纯，很美好，和他们打交道是一件让人愉悦的事。而做一名教师，可以让孩子不断地改变，成长，让他们成为更好的自己。孩子都是父母的心肝宝贝，将他们送进学校，是希望他们接受正确的知识,接触快乐的事物,感受积极的氛围。而老师是这一切的主导者。

  2018年,她曾教过一个患有白血病的孩子,已经是三年级学生的年龄,可是他还一直待在一年级的班级里。他很渴望上学,渴望学习知识,每次来学校的时候都会拉着张老师的手说:我特别喜欢上学,喜欢和小朋友们在一起玩。孩子的眼里闪耀着熠熠星光,拨动着张老师的心弦。每次到教室的时候,张老师总能看到他甜甜的微笑。可是命运弄人,这个孩子最后因为病情复发,悄然离开了这个世界。一直以来,他都是张老师内心的伤痛,也让张老师对孩子更多了一份宽容,对于学习跟不上的孩子也能够理解接受,能够接受他们的慢慢成长。她常说,孩子,你们慢慢来,老师也不着急。满怀着对于孩子的爱心和期待,在教育之路上也有了更多自己的方法和见解,也许这就是陶先生所倡导的大爱,博爱,爱满天下。

回望晓庄:教学做合一

  她在晓庄度过了硕果累累的四年时光。因为自己是一个转专业的学生,所以从大一开始就十分认真刻苦,因为她深知前方没有和自己相比较的人,一直在奔跑,可是路上并没有路标,前方有雾,她看不见前方,所以只能奋力向前,尽自己所能破雾见光。终于,她成功转入小学教育数学专业,这时,粉笔字却成了她很头疼的问题。那时候每天都要写小黑板,无论是晴空万里,还是风雨交加。但也正是这份坚持,不仅让她练好了粉笔字,还让她体会到了坚持的力量,扎实而又实用,今后在工作中不管遇到什么困难,她都能想象当初坚持写小黑板的自己,咬着牙都能坚持下去,因为她相信,量变的坚持一定会带来质变的飞跃。

  步入工作的张老师也充分认识到,对于小学老师的要求不再是单一的会教书,会带孩子。教师不仅要有专业的知识素养,还要懂得心理学,了解如何与孩子相处;懂得管理学,知道怎么管理班级;懂得人际交往;懂得教育教研……教师更是变成了以"教"为载体的综合性代表。所以回望大学生活,她无比感激当时在晓庄努力学习和勤勉用功的自己。她能够大量地去阅读和学习,拓宽自己的知识见解,扎实练好自己的基本功。能够接触到丰富的教师资源,除了学习专业知识,还能够去南京的小学实践。这段经历,让她在工作中有了丰厚的积淀,能够更加自如地调动自己的知识储备。

野蛮生长：是颗钻石就会闪耀

张老师才工作一个月就不幸在下班路上遭遇了车祸，头骨断裂，神经受伤，右手一段时间失去了知觉。这对于一个刚刚进入新工作的崭新的青年人来说，无疑是巨大的打击。在家休养期间，她曾一度非常崩溃，仿佛看不见生活的希望，每天都有黑影在身边笼罩着，只有乌云，不见蓝天。所幸张老师遇到了一群可爱善良的孩子，孩子们在校园中看不见张老师的身影，每天都在询问张老师的去向，知道真相的一年级孩子们都很伤心难过，他们用自己的方式去鼓励帮助老师，就像老师将知识润物细无声地教授给他们一样。在恢复养伤的日子里，一年级的小豆豆们每天用爸爸妈妈的手机给我发音频、视频，用手机拍小纸条给我，孩子们写道："张老师，只要你好了，我就答应你好好学习""张老师，你的头还疼不疼，我给你吹吹""张老师，你不要哭，等你回来，我给你糖吃"……孩子们稚嫩的语言，让张老师度过了人生的那段阴霾，努力吃药，积极锻炼，最终又回到了自己热爱的讲台，并一举拿下多项荣誉，获得蓝天杯教学设计一等奖、省智慧课堂一等奖、论文市级特等奖项。这为她今后的教学生涯添砖加瓦，奠定了坚实的基础，也为她的人生增添了绚丽的光芒。

展望未来：后浪还需加把劲

在张老师看来，教师是一份充满活力和希望的工作，面对的是一群具有生命力的孩子，就能不自觉地全身充满生机和活力。同时工作也存在一定的困难，这份工作毕竟有它的特殊性，它需要教师不断学习，不断成长，适应现代化的发展，这样才有更好的资源去教给孩子，所以教研活动就显得尤为重要，教师在教的同时也不能忘记学。有了一桶水，才能更好地把一杯水给孩子。热爱可抵岁月漫长，首先要热爱自己的教育事业，喜欢孩子，热衷教学。兴趣是最好的老师，对工作保持一份热忱。凡事贵在坚持，在工作中坚持自己最初的梦想，做好自己的本职工作，坚守自己的教育底线，不管做什么，都要坚持做下去。终身学习的精神不可少，在工作中，仍然要保持学习的心态。向身边有经验的教师学习，向学生学习，向生活中的智者学习,向书本学习,把自己的心态放平,海纳百川,有容乃大。

四年说长很长,说短很短,一转眼,你就会从青涩的大一新生变成沉稳的大四学长,张老师勉励广大青年最重要的是珍惜时间,不要停下学习的脚步,练好教师的每一项基本功,趁机多学一些技能,比如粉笔字、微课制作、简笔画等,把自己的技能训练得扎实,这样在工作后会如鱼得水。另外就是大量地去阅读,可以去读《爱弥儿》《理想国》《民主主义与教育》等著作,并且做好读书笔记,还可以和同学讨论读书心得,分享自己的读书收获。教育的过程是教师和孩子相互学习的过程,教师在教孩子,其实也是在让自己学习。我们可以试着蹲下来,更清楚地倾听孩子的声音。

【采写心得】

虽然我至今还没有进入小学工作,但通过张老师的描述我真的对于小学和小学生有了无限的期许和向往,我能感受到张老师描述的言语中的自豪和兴奋,说起自己的孩子如数家珍,希望尽快能够投入工作,为教育事业尽一份心力。

坚守初心，逐梦芳华
——记南京市雨花外国语小学金宝萍老师

吴昕潞

【校友名片】

金宝萍，中共党员，2019年6月毕业于南京晓庄学院教师教育学院小学教育专业（数学方向），同年9月进入南京市雨花外国语小学工作，现任四年级二班数学教师（兼班主任）。2022年9月获雨花台区"学科教学带头人"和"教坛新秀"称号。

疫情原因，我们对优秀校友的采访只能线上进行。邀请金宝萍老师的短信发出去没多久，我便收到了她的回复，这让我对这次的采访充满了信心。初次交流，金老师比我想象中的还要温和可亲。作为晓庄的优秀校友，金老师更多的是以一个学姐的身份与我进行交谈，采访的过程十分愉悦。得知她一毕业就快速找到如此好的工作后，我对她表示由衷的敬佩，谦虚的金老师连忙否认，并鼓励道：只要肯努力，大家都能够找到满意的工作。采访进行得十分顺利，即使金老师很忙，她也积极地配合并对我们进行感谢。随着交谈的深入，我渐渐感受到了金老师心中的力量以及她要在自己的领域发光发热的决心。

好老师，行知路上的引路人

当回忆起在南京晓庄学院的那段四年的美好时光，金宝萍老师总会想起她的专业课老师——刘娟娟老师。金老师说："令我印象最深刻的就是刘娟娟老师，她对我今天的工作产生了积极影响。与刘娟娟老师亦师亦友的师生关系，给了我当时的生活和学业很大的帮助。刘娟娟老师渊博的学识、专业的能力、深刻的思想、谆谆的教诲以及那举手投足间的优雅使我深深地崇敬与向往，我将她视为榜样，希望自己有一天能成为像她一样深受学生喜爱的好老师。"

从金老师的言语中，我听出了她对刘娟娟老师深深的喜爱。在她的漫漫行知路上，刘娟娟老师便是她的引路人。刘娟娟老师让我感受到一名好老师作为榜样的力量，她作为金老师的榜样，让金老师在逐梦路上有了更加明确的方向，并为之不懈努力。

如今，金老师作为青年教师也努力地在她的岗位上向刘娟娟老师靠拢，不断地提升自己，加强教育教学理论的学习，虚心向老教师汲取经验，对自己的教学进行反思，找出不足之处并加以改正，对自己的学生尽心尽力，渐渐地成了她想成为的深受学生和家长喜爱的好老师，做孩子们行知路上的引路人。

因为热爱，所以坚持

"师者，所以传道授业解惑也。"成为一名好老师，影响孩子的一生，是金老师从小的梦想。高考后，金老师坚持自己的热爱，选择了师范专业，最终来到了南京晓庄学院教师教育学院。"我想把喜爱的事做精细，在自己所在的领域发光发热。"金老师想要在教书育人这条路上做出一番成就，实现自己的价值。

有人说，学校是老师的第二个家。作为一名年轻教师，金老师更多地将她的时间投入在教学工作上，偶尔会忽视了自己的生活。作为小学的一名班主任，要解决的琐事太多，如何更好地平衡工作与生活是金老师日常所面临的问题。在教学过程中，金老师一直很看重家校关系，她一直坚持设身处地地站在学生家长的角度来考虑问题，充分了解学生的需求、家长的需求，让家校形成合力来帮助学生更好地进步,从而得到了学校领导以及家长的认可。功夫不负有心人,短短三年,金老师便获得了"教坛新秀"的荣誉称号。

让教学与时代同进步

金老师在教学过程中总是不断思考,不断学习先进的教学理念,让教学跟上时代发展的脚步,将自己的想法与创新融入自己的教学过程,探索出更加适合当代小学生的教学方法,从而达到更好的教学效果。

她认为现在的孩子与过去的孩子相比有很大的不同,在以前信息较为闭塞的时代,孩子们往往习惯于从书本、父母和老师处习得知识,理论学习较多,而动手实践的机会较少。然而如今科技发达,社会信息来源广泛,孩子们的眼界更开阔,参与社会化学习的机会更多,思想观念也有所不同。所以,教学方式应从原来的以"讲授式"为主逐渐发展为以"启发式""探究式"为主,因材施教,尊重孩子们的主体性,基于"学"而"教"。

金老师在教学中的思考与实践使她的教学水平得到了快速的提升,她始终贯彻"以学生为主体,以教师为主导"的教学理念,教学效果显著,从而获得了"学科教学带头人"的称号。荣誉只代表过去,金老师丝毫不敢停下努力的脚步,在耐心接受完我的采访后,便匆匆投入到教学研究当中去了。

【采写心得】

"博雅、童心、母爱、敬业"的院训在金宝萍老师身上完美体现,坚守初心,逐梦芳华的精神值得我们每个师范生学习。

育人不忘修己

贾小雨

【校友名片】

刘唯,2020年毕业于南京晓庄学院小学教育（数学方向）专业,同年9月任教于泰州兴化市戴南董北实验小学,执教数学学科,参与四、五、六年级循环教学。

2020年12月被学校推荐参与兴化市小学数学骨干教师研修班,2021年暑期参与泰州市骨干教师培训活动,后参与2021年江苏省千人计划小学数学培训活动。积极参加各项比赛,2021年先后获兴化市小学数学基本功大赛一等奖、泰州市小学数学教学基本功大赛一等奖。在市级举办的教学设计、学历单设计、学具设计、论文评比等活动中多次获得一、二等奖,在泰州市2022年暑期线上学科答疑工作中因成绩突出被评为"先进个人"。

业精于勤：历练创造成长

2020年,刘唯老师从南京晓庄学院小学教育专业毕业,同年9月来到泰州兴化市戴南董北实验小学工作,执教数学学科,参与四、五、六年级循环教学。走上岗位三年来,刘唯老师始终铭记着一句话"选择自己所爱的,爱自己所选择的",因此,刘老师不断地虚心向前辈老师求教,以满腔的热情、十足的精力、满满的自信投身自己的教育事业。在执教短短三个月后,她以优异的教学成果被学校推荐参加兴化市小学数学骨干教师研修班,并顺利结业。次年暑期参与泰州市骨干教师培训活动,后参与2021年江苏省千人计划小学数学培训活动。她不停地参加教研活动,观摩优秀教师的课堂、精湛自己的教学能力,年轻而又充满活力的她不断鞭策自己,一定要立足教学,精益求精,追求卓越。

功夫不负有心人,刘唯老师的付出得到了肯定,工作第二年,她先后斩获兴化市小学数学基本功大赛一等奖、泰州市小学数学基本功大赛一等奖。在市级举办的教学设计、学历单设计、学具设计、论文评比等活动中多次获得一、二等奖,2022年暑期参加泰州市线上学科答疑工作,因成绩突出被评为"先进个人"。

情系母校:爱意在此生根

虽已为人师,刘唯老师依旧忘不了大学的青葱时光。晓庄舒心融洽的氛围使她的大学生活充满美好回忆,如今她仍怀念着学校的食堂饭菜,想念北一的照烧鸡腿、北二的香锅……时隔三年,刘唯老师特别提到教师技能训练营,她对教技记忆犹新,大一时参加了毛笔字班和手工班,大二大三又以小先生的身份和钢笔字班的学员们一起练习钢笔字,教师技能训练营的平台让她的许多技能有了扎扎实实的进步,为以后精益求精的教学态度奠定了基础。教师院的不少老师也在刘唯老师的大学生涯中留下了难忘的回忆,刘娟娟老师是她心中的"女神",总能让她想起"腹有诗书气自华"这句话;因为参加省师范生基本功大赛,她结识了陈薇老师,陈老师说话幽默平和,看待问题总能一针见血;还有学术味十足的彭亮老师,他的讲话方式幽默风趣,课堂总是充满欢声笑语;还有她的班主任林玲老师,林老师十分疼爱学生,总是在逢年过节时在班级群发出大红包……贾永林先生曾言:"对教师工作的爱,是可以后天培养的。"刘老师说,她永远也忘不了教师院的院训:博雅、童心、母爱、敬业。也许正是因为在这样一个特别美好的环境中学习成长,遇到了特别多优秀亲和的老师,才让高中时并没有教师理想的她,能在大学改变观念,以"学高为师,身正为范"要求自己,向往成为一名人民教师,并为此投注心血。

教学相长:育人不忘修己

前两年,作为新手老师,她带领一个班的学生度过四五年级,俗话说"亲其师,方能信其道",所以她铆足力气,用爱和责任呵护自己从教生涯的第一批孩子。在自己不断的关心与鼓励下,她能感受到很多孩子们在数学学习上的进步,这对刚工作的刘唯老师来说,是慰藉、是喜悦、是鼓励,更是信心与热情。如今,这个班的孩子们依旧牵挂着她,时不时隔着一栋教学楼,趴在窗户上静静看着她走过,或是在放学后走进她的办公室,分享一些小零食。这些孩子的家长与刘老师一直保持联系,分享孩子近期的学习状态,分享孩子越来越懂事的欣慰和喜悦。

两年来,她把满腔的热血献给了亲爱的孩子们,把勤劳和智慧融入小小的三尺讲台,让沃土上的花儿茁壮成长。被学生喜爱,受家长信任,是对一个老师的很高评价,也是刘唯老师两年付出的应有回报。如今双减政策出台,旨在减轻学生的学习压力,刘老师快速意识到这对她的课堂质量提出了更高的要求,需要教师有很强的专业能力和扎实的基本功。虽然每天的日常工作大大消耗了她的时间和精力,但刘老师仍坚信时间就是海绵里的水,挤挤还是会有的。除了日常的备课、授课与反思外,她仍不断地对自己下功夫,抓住每一个能让自己成长或是进步的机会,阅读专业书籍、观摩优质课等等。在工作的短短三年间,她先后取得兴化市小学数学基本功大赛一等奖第一名、泰州市小学基本功比赛一等奖。

她说,具备扎实的专业知识和能力只是对教师的基本要求,在此基础上需要教师足够敬业。但尊重教育事业不只是尊重自身的教学工作,更应该尊重学生的发展,需要老师站在学生的立场上考虑教学工作,葆一颗童真的心理解学生,葆一颗仁爱的心爱护学生,让他们得以安心地、健康地成长。她在平凡的岗位上用生命歌唱,在伟大的事业中用心血耕耘,生如夏花,灿若骄阳,园丁四季,种梦三秋!

【采写心得】

步入工作第三年,虽然在教育的工作中存在许多迷茫与困惑之处,但始终坚持认为:我们应该用踏实勤勉的态度和宽容豁达的心态来面对教育教学工作,才能教育出一些脸上有笑容、心中有阳光、胸中有理想、体中有活力、学习有动力、生活有快乐的学生。

人间有所寄

邱永妍

【校友名片】

邱永妍,2020年6月毕业于南京晓庄学院小学教育专业(语文方向),现任南京成贤街小学龙池分校语文老师,中共党员。

曾获南京市"教育好故事"比赛二等奖;南京市教育案例评比二等奖;六合区"教育好故事"比赛特等奖;六合区小学语文教师基本功比赛一等奖;六合区优秀教育案例评比一等奖;六合区汉字案例征集一等奖;六合区"班主任新秀"和"十佳诵读教师"荣誉称号。

曾听说过这样一句话:"人生幸福,寄于有所深情与热爱。"如果一个人一生中能够做自己热爱的事,爱自己喜欢的人,同时也能得到爱的回应,那便可以称之为幸福人生了。而我也许正幸运地拥有着这样的幸福人生。

孕育热爱——不负韶华行且知

也许是妈妈是老师的缘故,我从小就有一个成为老师的梦想。高考后填报志愿时恰好了解到江苏省的定向师范生政策,于是,我毫不犹豫地选择成为一名乡村定向师范生。就这样我来到了晓庄——这里也是我梦想起航的地方。

在晓庄，我的收获很多，除了规范的理论课程设置，教院的特色实践课程和辅修科目让我受益至今。从大一起，我就在教师技能训练营参加粉笔字的学习，到大二，我自己也成了一名辩论班的"小先生"。在教师技能训练营中的经历，让我第一次实现了从"学"到"教"的角色转变。学院对于定向生设置了"辅修"学科，我选择了英语和音乐作为辅修，对于英语和音乐的专业知识和教学设计有了一定了解。走上工作岗位后，无论是对于"跨学科"教学的思考和实践，还是技能比赛，这段学习经历都让我受益颇多。

在这里，我遇到了太多受益一生的老师，遇到了至今都在携手同行的教育挚友们；我在教育理论中充实自己，在教育实践中打磨自己。在这里，陶校长的教育思想深深地影响着我，"教学做合一"的校训始终铭记在我心中，让我的教育信念更加坚定：尽我所能，做好我所爱的教育，为家乡的乡村教育振兴而努力。

沐爱前行——少年何妨梦摘星

2020年8月，带着赤诚的教育理想，我回到了我的家乡——六合。在成贤街小学龙池分校开启了我职业的生涯。

初上讲台，因为在晓庄学习期间课程与实践的铺垫，我并没有经历预想的慌乱。但作为一名新老师，幸运的是，总有人会坚定地站在我的身边，告诉我：你能行！

从教的第一年，我幸运地获得了参加六合区"教育好故事"演讲比赛的机会。在充分准备后，我进入了决赛。但是经历了初赛，看到决赛优秀的对手们，压力在我的心头盘旋。备赛期间，我的心情十分忐忑，一边修改自己的稿件，一边陷入了自我怀疑。书记李有玲是我教育生涯的引领者，更是陪伴人。在与我交流稿件的过程中，她似乎一眼看穿了我的焦虑："小邱呀，你要相信自己。我说你能行，你一定能行！"明明是温柔悦耳的声音，却好像有坚定的力量托起了我彷徨不安的心。最终，在前辈们的鼓励和朋友们的陪伴下，我幸运地获得了六合区"教育好故事"演讲比赛的特等奖，随后参加南京市"教育好故事"演讲并获得市二等奖。

两年多的教育历程于我来说是充满温情的幸福，也是充满未知的探索。在若干次不知所措或是犹豫不决时，身边优秀的教育前辈们总会给予我帮助与支持，而对教育赤诚又郑重的朋友们始终与我并肩前行。于是我一边探索，一边收获。那些坚定的"相信你能行!"像是一阵抚慰人心的微风,让我更加自信、更加从容地面对很多的第一次:第一次开设区级公开课;第一次参加区级小学语文基本功比赛并获得一等奖;第一次参评区级亲子案例并获一等奖;第一次带学生排练汉字并获得"六合区汉字文化节展演"二等奖;第一次参加联盟校教师基本功大赛并获得特等奖;第一次获得年度考核优秀嘉奖……

以爱育爱——春风无地不开花

雅思贝尔斯曾说过:"教育就是一棵树摇动另一棵树,一朵云推动另一朵云,一个灵魂唤醒另一个灵魂。"教育的本质其实是一场爱的孕育。

一(8)班是我教师生涯中的第一个班级。尤记得第一次与他们见面时,小朋友们就像一群跑动的小萝卜头,行动起来活泼又灵巧,听我说话时总是眨巴着明亮的大眼睛,特别可爱。让我感到初为人师的激动与喜悦的同时,也期待着陪伴他们慢慢长大。

我们班里有个特别内向的小朋友,因为一些家庭原因,他的胆子特别小,平时不与人说话,即便是在不得不说的时候,也只是稍稍分开上下嘴唇发出一点点微不可闻的声音。上课请他起来发言时,声音小到我的耳朵要凑很近才能听到。一次,我俯下身去看着他的眼睛说:"再说一次吧,我来做你的传声筒。"他又轻轻地张开嘴巴,我仔细地分辨后,将他的话转达给大家。

下课,我拉着他一同坐在楼梯上闲聊:"今天我可是帮了你一个忙哦,你要不要感谢我一下?"他点点头。我说:"我的身边没有什么朋友,你愿意成为我的朋友吗?"他又点点头。"既然做朋友就要讲义气,我上课的时候都没人举手发言,你能帮帮我吗?"他小声地说:"有人举手的。"我说:"可你是我独一无二的朋友,如果你能发言,我会很开心的!"他有些傲娇地笑了笑,答应了。

后来的语文课上,他几乎每节课都会举手,时间长了,他成了"发言小达人",有时甚至回答得十分精彩,得到同学们钦佩的掌声。虽然现在他发言的音量依然不高,但是现在已经不需要我这个"传话筒",也能让同学们听见他的声音了。

二年级的一次写话作业,题目是"我最喜欢的老师",他是这样写的:"我最喜欢的老师是我的好朋友,她就是讲义气的邱老师……"

于是我知道,以爱育爱,终能等来一场花开。

爱有回音——唯有葵花向日倾

曾在一次采访中被问到,有没有某一刻让我觉得做一名老师很幸福。我快速地回忆与孩子们相处的每一天,然后发现了许多让人惊喜的碎片。比如,我的抽屉里永远塞满了小朋友送给我的画;比如,每天早晨进教室时,总能收到好多个温暖的拥抱;再比如,当我外出听课回来时,孩子们总是毫不吝啬自己的想念,一边招手一边喊着"邱老师回来啦!"笑着跑来围在我身边。那时的他们就像无数朵向阳花围绕着我开放,让普普通通的我成了一颗独一无二的太阳。

老师的幸福并不是轰轰烈烈、一蹴而就的,往往是这样简单而又容易被人忽略的小事。一次,一个小朋友在我的办公室门前害羞地踱来踱去,我好奇地将她喊过来问问情况。原来,她用整个学期的努力表现得到了手工课老师的奖励——一颗葡萄味的软糖,她想将糖果送给我。我看出她对于糖果的珍爱,假装不爱吃糖,还给了她。她朝我撒娇:"这是我通过自己的努力得到的糖果,很好吃的,你就帮我吃这一次嘛,吃完记得告诉我好不好吃哦!"我记得那天傍晚的阳光特别软糯,糖果里的爱意也很柔软。

孩子们从不吝啬自己的温柔与爱,他们无数次用行动告诉我:爱是有回音的,不若柳絮因风起,而似葵花向日倾。

我明白,在教育行业熠熠生辉的星河里,一个人的光亮微不足道。但我相信,前行的每一步都会留下闪闪发光的足迹。人生有所深情与热爱,便是幸福的。我所热爱的教育,所深情的学生,所执着的梦想,都在悄然盛放。

此刻,一个爱学生的老师恰好也幸运地被学生爱着,这大概就是她一生中最幸福的事情。

【从教感言】

今年是我从教第三年,好像每一年都会比前一年更加热爱自己的职业,更加喜欢这群孩子们。毫不吝啬地把自己的爱给孩子们,我无比坚定地相信教育是一件浪漫的事情,是值得用一生去探索和努力的事情。愿自己多年后仍能初心不改,对教育始终充满爱与温情。

后　记

在教师教育学院师生团队的共同努力下,《行知路上陶花开——南京晓庄学院小学教育专业本科毕业生风采录(第二辑)》终于完稿了。《风采录》第二辑延续了第一辑的体例,通过对校友职场表现的深度了解与集中展示,剖析并反思小教本科专业多年来人才培养质量。此次《风采录》编委会的日常工作由教师院负责就业工作的曹同艳老师担任具体执行人。我们一方面邀请小教专业各位资深教师和历届辅导员推荐采访对象,另一方面着手组建学生采访团,并开展相关培训。经过前期筹备,我们收集了52位校友的基本信息,组建了52人的学生采访团队,起初计划做到一对一的对接采访。该项目于2022年7月初启动,正式踏上了寻访校友、采写稿件的征程。截至2022年11月底,我们共计征集34篇初稿,最终入编《风采录》的30篇稿件中,12篇人物侧记来自学生采访团队,18篇特约专稿出自校友之手。

在《风采录》的编辑过程中,我们得到了多方大力支持,借此机会,向各位表示内心最诚挚的谢意。

首先,要感谢所有为发掘、利用校友资源提供信息与沟通服务的领导与老师们。在校友寻访工作正式启动前后,刘娟娟、冯军、白薇、王宗海、袁从领、徐敬标、刘宇晴、董浩等老师为我们提供了校友的基本信息,以便我们迅速确立校友寻访的线索;在稿件征集及《风采录》编辑出版工作的过程中,曹同艳老师负责统筹协调学生采访团队,在与校友联系沟通、收集整理校友提交的图文材料、对接文稿审核编辑老师等方面做了大量细致的具体工作。

其次,要感谢为寻访校友、采写稿件付出辛勤劳动的学生。新冠疫情期间,他们克服种种困难,放弃了休息时间,通过电话、微信、邮件等多种形式与校友建立点对点的联系,不仅完成了最初的对接与交流,还完成了初步的采访与校友信息整理,并形成了34篇初稿。开学之后,面对紧张的课程学习与各种证书考试引发的时间冲突,他们仍在竭尽全力修改完善稿件,最终入编《风采录》的12篇人物侧记,也在一定程度上展示了在校师范生的风采。

再次,要感谢所有为《风采录》赐稿以及积极配合学生团队采访的校友。虽说我们的征稿工作安排在暑假的七八月份,但很多校友都无暇享受这份属于教师的"福利",他们硬是从早已安排好了的学习、培训、支教等工作中挤出档期,接受学生寻访团的采访或约稿,不少校友在看到我们的约稿函后积极主动地向我们投稿。国庆节后,根据编委会的意见,校友们陆续进入稿件修改完善阶段,日常教学工作、突击性的检查评比以及各种赛课等牵扯了校友们不少精力,但大家都能克服困难,很多人都是通过"开夜车"的方式挤时间来修改稿件的,让我们非常感动。

在书稿二校时,曹慧英教授向我们推荐了2015届校友杨竞博,杨老师非常忙碌,但是非常支持我们的请求,深夜给书名题词,在此非常感谢二位对本书的支持。

最后,要感谢所有为《风采录》的出版在文稿的审、改、校、印等方面付出艰苦、细致劳动的工作人员。南京大学出版社社长助理、高校教材中心主任蔡文彬为本书的出版提供了有力的支持,责任编辑钱梦菊老师也为本书的出版付出了大量的心血。

希望《风采录》第二辑的出版能够得到广大校友和读者的认可,由于编写时间匆忙,编者水平有限,疏漏和不足之处在所难免,恳请谅解并不吝赐教。

编者

2023年3月